传世励志经典

自律的典范

富兰克林

【美】本杰明·富兰克林（Benjamin Franklin） 著　　言　心　编译

中华工商联合出版社

图书在版编目（CIP）数据

自律的典范：富兰克林／（美）本杰明·富兰克林著；言心编译. --北京：中华工商联合出版社，2016.8

ISBN 978-7-5158-1747-7

Ⅰ．①低… Ⅱ．①本… ②言… Ⅲ．①富兰克林，B.（1706－1790）－自传 Ⅳ．①K837.127＝4

中国版本图书馆 CIP 数据核字（2016）第 177990 号

自律的典范——富兰克林

作　　者：	【美】本杰明·富兰克林（Benjamin Franklin）
编　　译：	言　心
出 品 人：	徐　潜
策划编辑：	魏鸿鸣
责任编辑：	崔红亮
封面设计：	周　源
营销总监：	曹　庆
营销推广：	王　静　万春生
责任审读：	郭敬梅
责任印制：	迈致红
出版发行：	中华工商联合出版社有限责任公司
印　　刷：	天津旭丰源印刷有限公司
版　　次：	2016 年 12 月第 1 版
印　　次：	2023 年 4 月第 4 次印刷
开　　本：	710mm×1020mm　1/16
字　　数：	200 千字
印　　张：	14
书　　号：	ISBN 978-7-5158-1747-7
定　　价：	49.80元

服务热线：010－58301130
销售热线：010－58302813
地址邮编：北京市西城区西环广场 A 座
　　　　　19－20 层，100044
http://www.chgslcbs.cn
E-mail：cicap1202@sina.com（营销中心）
E-mail：gslzbs@sina.com（总编室）

工商联版图书

版权所有　侵权必究

凡本社图书出现印装质量问题，请与印务部联系。

联系电话：010－58302915

序

    为了给《传世励志经典》写几句话，我翻阅了手边几种常见的古今中外圣贤大师关于人生的书，大致统计了一下，励志类的比例，确为首屈一指。其实古往今来，所有的成功者，他们的人生和他们所激赏的人生，不外是："有志者，事竟成。"

    励志是动宾结构的词，励是磨砺，志是志向，放在一起就是磨砺志向。所以说，励志不是简单的立志，是要像把刀放在石头上磨才能锋利一样，这个磨砺，也不是轻而易举地摩擦一下，而是要下力气的，对刀来说，不仅要把自身的锈磨掉，还要把多余的部分毫不留情地磨掉，这简直是一场磨难。所有绚丽的人生都是用艰难磨砺成的，砥砺生命放光华。可见，励志至少有三层意思：

    一是立志。国人都崇拜的一本书叫《易经》，那里面有一句话说："天行健，君子以自强不息。"这是一种天人合一的理念，它揭示了自然界和人类发展演化的基本规律，所以一切圣贤伟人无不遵循此道。当然，这里还有一个立什么样的志的问题，孔子说："士不可以不弘毅，任重而道远。"古往今来，凡志士仁人立的都是天下家国之志。李白说：大丈夫必有四方之志，白居易有诗曰：丈夫贵兼济，岂独善一身，讲的都是这个道理。

二是励志。有了志向不一定就能成事，《礼记》里说："玉不琢，不成器。"因为从理想到现实还有很大的距离。志向须在现实的困境中反复历练，不断考验才能变得坚韧弘毅，才能一步一个脚印地逐步实现。所以拿破仑说：真正之才智乃刚毅之志向。孟子则把天将降大任于斯人描述得如此艰难困苦。我们看看历代圣贤，从世界三大宗教的创始人耶稣、穆罕默德、释迦牟尼到孔夫子、司马迁、孙中山，直至各行各业的精英，哪一个不是历经磨难终成大业，哪一个不是砥砺生命放射出人生的光芒。

三是守志。无论立志还是励志都不是一朝一夕、一蹴而就的，它贯穿了人的一生，无论生命之火是绚丽还是暗淡，都将到它熄灭的最后一刻。所以真正的有志者，一方面存矢志不渝之德，另一方面有不为穷变节、不为贱易志之气。像孟子说的那样："富贵不能淫，贫贱不能移，威武不能屈。"明代有位首辅大臣叫刘吉，他说过"有志者立长志，无志者常立志"，这话是很有道理的。

话说回来，励志并非粘贴在生命上的标签，而是融汇于人生中一点一滴的气蕴，最后成长为人的格调和气质，成就人生的梦想。不管你做哪一行，有志不论年少，无志空活百年。

这套《传世励志经典》共收辑了100部图书，包括传记、文集、选辑。为读者满足心灵的渴望，有的像心灵鸡汤，营养而鲜美；有的就是萝卜白菜或粗茶淡饭，却是生命之必需。无论直接或间接，先贤们的追求和感悟，一定会给我们带来生命的惊喜。

徐　潜

前　言

本杰明·富兰克林，1706 年出生于美国马萨诸塞州的波士顿，是十八世纪享誉美国乃至世界的政治家、科学家、发明家、外交家，同时也是出版商、印刷商、记者、作家、慈善家等。

他的一生是一个自我规约、自我奋斗、自我教育、自我完善的过程，在众多不同的领域均取得了巨大的影响及成就。

他是美国历史上第一位享有国际声誉的科学家、发明家，在电学上成就显著，是物理学史上的一个重要人物。他还是一位优秀的政治家，是美国独立战争的老战士，他参与起草了《独立宣言》和美国宪法，积极主张废除奴隶制度，深受美国人民的崇敬。他也是美国第一位驻外大使，在世界上享有较高的声誉。

他的一生先后掌握了法文、意大利文、西班牙文及拉丁文等多种语言，发明了摇椅、避雷针，改进了路灯，发现了墨西哥湾的海流，四次当选宾夕法尼亚州州长，制定了新闻传播法，最先绘制了暴风雨推移图，创立了近代邮信制度，创立了议员的近代选举法，在气象、地质、声学及海洋航行等方面都有研究，并取得了巨大的成就。

富兰克林是一位成就广泛而显著的伟大人物，他对自己始终严格要求，十分重视对自身美德的培养，给自己提出了十三个自律准则，并且身体力行地践行这些准则，分别是：节制、缄默、秩序、决心、节俭、勤奋、真诚、正义、中庸、整洁、冷静、节欲、谦逊。如他在自传里这样写道："我的目的是养成所有美德的习惯，最好还是在一个时期内集中精力掌握其中的一种美德。当我掌握了其中一种美德后，接着就开始注意另外一种，这样下去，直到我掌握了十三种为止。因为先获得的一些美德可以便利其他美德的培养。"

美国总统乔治·华盛顿这样评价他："因为善行而受景仰，因为才华而获崇拜，因为爱国而受尊敬，因为仁慈而得到爱戴。"而就是这样一个一生成就无数、受无数人爱戴的时代风云人物，1790年去世后墓碑上只是刻着这样简单朴实的一句话："印刷工富兰克林"。

人类文明的进步，需要千千万万个这样的富兰克林，他们低调、自律、谦卑，却像恒星一样，在各自的轨道上运转，贡献自己的全部精力。

目 录

正

传

一 年少时的回忆

1. 祖先和早期在波士顿的青年时光

(1771 年写于都怀福德村圣阿萨夫教堂主教家中)

亲爱的孩子：

　　我向来喜好搜集和祖辈们有关的所有奇闻趣事。可能你还记得，你和我在英国居住时，正是为了这个原因，我曾对家族中的老者一一探访过。此时，我正在乡间休假，接下来我将有一个星期的空闲时间，我想我的一生中会有很多你从未听过但也很感兴趣的事情，所以我打算坐下来把这些事情全部写出来给你看。此外，还有一些其他的原因。我出生在一个贫寒之家，小时候过着穷苦艰辛的日子，后来，生活慢慢变得富足，并且在世界上有了一定的影响力。到现在为止，我的人生顺风顺水，几乎少有挫折，我感谢上帝的赐予，我在人生之路上收获颇丰，也许我的后辈会想了解这些为人处世之道，或许他们能够从中获益，或许他们能在遇到和我一样的问题时有个参考。

每每我回过头看已走过的平坦之途时，我总会异常感慨：如果有人提议我重走来时路的话，我非常愿意这样做，我只有一个要求，便是像作家再版图书一样，可以将初版时的不足予以修正。倘若有可能的话，我也想要把那些不幸的遭遇变得更加顺利。就算这些不幸难以避免，我也愿意接受建议，重走一遍。不过，这种重新来过的事情显然不可能发生，而最接近的事情似乎便是回忆了。为了将回忆保留得更加久远，人便需要执笔，将它们记录下来。

因此，我将依据老人们旧有的偏好来谈论现在的我，以及我的过往。我这么做，听到的人不会感到厌烦，或许是因为他们有尊敬长者的良好品德，认为听我的话很有必要，一旦执笔写下来，听或者不听就看他们自己了。最后（我自己还是先承认吧，因为就算我予以否定，其他人也不会相信），我想说写自传在一定程度上还能满足我的虚荣心。事实上，我经常听闻一些人在刚说过"我可以毫不掩饰地说……"这种开场语之后，紧接着冒出来的将是一堆自我吹嘘的话。浮夸是不为大多数人所喜欢的，不管他们认为自己多么了不起。但无论身处何地，对于这种自负我都抱着极大的宽容心。因为我自信这种心理于人于己都是有益而无害的。故而，在很多情况下，如果有人将这种自负当作是生命的馈赠而对上帝表示感激的话，也是情有可原的。

现在我既然提到了感激上帝，那么，我也十分虔诚地愿意承认，前边我提到过的人生中的幸运也是源于上帝的恩泽，上帝给了我指引，让我明白了处世之道，我因此取得了一定的成就。当然，这个信仰也给了我极大的希望，即使我还不能断定未来我是否还会一如以往得到上帝的祝福，但无论我是继续享受生命中的福泽，还是和其他人一样要承受命中注定的厄运，我都会坦然接受，因为只有上帝知道我未来的路是否平坦，而且上帝甚至可以通过苦难继续给我们祝福。

我有一位也同样喜好搜集祖辈奇闻趣事的伯父，有一次，他给了我一些记载了祖辈事情的笔记。从这些笔记里，我知道了我们的家族在诺桑普顿郡的爱克顿教区至少已经居住了300年，在这之前还住过多少年，他就不得而知了（也许他们从用"富兰克林"这个姓起就已经在此居住了。在英国，"富兰克林"这个姓氏在十四五世纪就开始被使用了，以前是一个人民阶层的姓氏，这个阶层是非贵族的小土地所有者或者自耕农）。祖辈拥有30英亩的自由田地，打铁是他们的副业这点我是知道的，我们的家族中一直保持着这一副业，直到我父亲这辈为止。多是家中的长子在学习打铁，我的父亲，以及伯父都按照这一传统让他们的长子也学习打铁。我专门查找过爱克顿教区的户籍册，但只找到了1555年以后的出生、嫁娶，以及丧葬记录，之前的记录都已经找不到了，在找到的户籍册里，我了解到我是五代人以来小儿子的小儿子。我的祖父托马斯出生于1598年，并且一直在爱克顿居住，直到他不能再工作了，便去了牛津郡班布雷村的儿子家，儿子名叫约翰，是个染匠，我的父亲曾当过他的学徒。我的祖父去世后便在那里安葬了。直到1785年，我们看到了他的墓碑。他的长子托马斯住在爱克顿，后来将自己的房产和田地留给了独生女，女婿名叫费雪，是威灵堡人。后来，他的女儿和女婿将房产卖给了伊斯德先生，如今伊斯德先生是庄园的领主。我的祖父有四个儿子，分别是：托马斯、约翰、本杰明和约瑟。我手边并没有关于他们的资料，但我会尽可能将我所知道的写出来给你。如果这些记录不会在我离开后遗失的话，你还可以获得更翔实的信息。

托马斯跟着他的父亲学习打铁，但是他天资聪颖，受到当地教区绅士伯麦的鼓励（他的弟弟们也得到了同样的鼓励），他最终获得了做书记官的资格，成了当地很有名望的人，也成了当地，以及诺桑普顿城镇，甚至他所在州的一切公益事业的主要推动者。我们听到了很多这样的事例。在爱克顿教区，他深受当时哈利法克斯勋爵的赏识，经常会得到奖励。旧历1702年1月6日，他去世了，这恰好距离我的出生整4年。我记得，当时我们从爱克顿教区一些老人的讲述中得知他的生平和性格的时候，你惊讶得觉得他和我很像，你还说："若是您出生在他去世的那一天，人们会觉得那是灵魂的转世。"

约翰成了染匠，我觉得他一定是染呢绒的。本杰明负责染丝绸，他是一个很有思想的人，我对他记忆尤深。当我还是个孩子的时候，他来到波士顿找我的父亲，并且跟我们一起生活过几年。他活到了很大年纪，他的孙子塞缪尔·富兰克林至今还住在波士顿。他死后留下了两本4开本大小的诗稿，里边记载着一些他赠给亲友的即兴短诗，其中就有给我的。他自创了一种速记之法，并且传授给了我，但我从来没有练习过，所以现在都忘了。我的名字也跟他有关，因为他和我的父亲感情很深。他是一个虔诚的信徒，经常去听传教士传教，并且会用速记之法记载下来，他随身携带着很多用以记录的笔记本。他还是一个很不错的政治家，他关心政治的程度超过了他所处的地位。不久前，我在伦敦找到了他收集的从1641年到1717年之间的重要的政论手册，从手册的编号上来看，有很多已经遗失了，但还是留下了8本对开本、24本4开本和8开本。一个旧书商得到了这些，因为我有时候会去他那里买书，他认识我，便将这些送给了我。看起来，这应该是我伯父去美洲之前留下的，时间已经过去五十多年了，书页里他还加了很多注解。

2. 名不见经传的家族

在宗教改革运动的初期，我们这个名不见经传的家族就参与其中了，在玛丽女王统治时期，他们一直信仰新教，并强烈地反对着罗马天主教，这使他们时常会遇到麻烦。他们得到了一本英文版的《圣经》（天主教使用的是拉丁语版的《圣经》），为了隐藏和保护这本《圣经》，它被打开并且用带子固定在了一个折凳的底部。当我伟大的祖父为全家人念《圣经》时，他会跪在地上，然后将凳子翻过来放在膝盖上，慢慢解下绑着的带子，取出这本《圣经》。他会事先安排一个孩子守在门口，如果孩子看到了法庭的官吏，便会提前通风报信。这个时候，折凳便会重新落地，《圣经》也像之前一样被藏在安全的地方。这些故事是我的叔叔本杰明告诉我的。直到查理二世统治结束，这个家族依旧信奉新教。就在那个时候，有一些牧师因为信仰异教而被开除了教籍，后来他们在诺桑普顿郡开会，本杰明和约翰改信了非国教，并且一直信守，家里的其他人还是继续信奉着国教。

　　我的父亲约翰成家的时候还很年轻，大约1682年的时候带着他的妻子和3个孩子到了新英格兰。异教的宗教集会在当时是被法律禁止的，为了消除这种困扰，与我父亲交好的一些人便有了移居的想法，我的父亲也答应与他们同行。他们希望在移居之后能够享有宗教信仰的自由。在英格兰，这位妻子又生了4个孩子，后来，他的第二任妻子又生了10个孩子，总共17个孩子。我记得有一次，家里的餐桌前围坐着13个孩子，这些孩子都已长大成人，并且结了婚。我是家里最小的儿子，我后边还有两个妹妹，我出生在新英格兰的波士顿。我的母亲艾比亚·富尔家是父亲的第二任妻子，她的父亲彼得·富尔家，是新格兰第一批移居者中的一员。如果我没记错的话，可顿·马太曾在他的美洲教会史中对我的外祖父人加赞扬，并称他是"一位虔诚而博学的英国人"。我听说他写过各种各样的即兴短诗，但只有一篇被刊印出来，多年之前我就拜读过。这首诗写于1675年，是写给当地的有关政府的，诗歌采用当时流行的民间诗歌形式写就。内容主要以赞扬信仰自由为主，并对浸礼会、教友会，以及其他受迫害的教派表示支持，并指出殖民地的印第安人战争和其他灾祸都是迫害教徒的结果，是上帝对这些令人发指的罪行的判决与惩罚，并劝诫当局能够废除那些无情的法律。在我看来，整首诗显得简单朴素，很有男子汉气概。我还清楚地记得这首诗的最后6行，虽然前边的两行我已经忘记了，但其大意我还记得，是说他提出建议的出发点是充满善意的，因此，他会毫不避讳地署上自己的名字：

　　　　因为我打心底感到厌恶，
　　　　我要成为一个诽谤者；

我现在住在修彭城，我要将我的名字放在这里。

我毫无恶意，我是你真实的朋友，

我是彼得·富尔家。

我的哥哥们都在不同的行业当学徒。父亲打算让我服务于教会，所以 8 岁的我被送到文法学校读书。我很早之前就为读书做了准备（这一定非常早，因为我不记得我会有读不懂的字），父亲的朋友们也认为我是一块读书的好料，我将来必定会有好的出路。在这种鼓舞下，父亲将我送到了学校。我的伯伯本杰明也赞同父亲的做法，还提议我学习他自创的速记之法，并答应如果我愿意学习的话，他会将所有的速记本送给我。我在文法学校读书还不到一年的时间里，逐步从班级中的中等生升到了优等生，接着便可以升到二年级、三年级了。但是，就在这个时候，父亲考虑到家里人数实在太多，家庭负担太重，担负不起大学的学费，还有他也曾看到一些上过大学的人依旧过得很不理想（这是他当着我的面跟他的朋友讲过的），他便改变了当初的想法，让我离开文法学校，转而进了一所学习算数和写作的学校。当时，这所学校由乔治·布朗纳先生管理，他很有名气，经常用温和的教学方法鼓励学生。在他的教导下，我的写作水平进步很快，但我的算术成绩平平。10 岁时，父亲把我接回了家里，协助他打理生意。他主要经营油烛和肥皂制造业。这其实不是他的老本行，因为到了新英格兰后，他发现染色生意很不景气，不足以维持一家人的生计，所以改了行。父亲让我剪烛芯、灌烛模、管理店铺，或者出去跑腿。

我一点也不喜欢这个行业，我十分想要去航海，但是我的父亲并不同意。然而，因为就住在海边，我时常到水边去玩。我的游泳技术非常好，我还会划船。当其他小伙伴和我一起在船上玩的时候，他们总是听我发号施令，尤其是在遇到麻烦的时候。在其他场合，我也常常是他们中间的领头人，当然，有时候我也会有指挥失误的时候。我很想举一个例子，因为这件事是我年少时热衷公益事业的体现，虽然这件事在当时看来是不对的。

在水车蓄水池的旁边有一个盐沼，涨潮的时候，我们经常站在那里钓鱼。因为经常踩踏的原因，我们一群人把盐沼的边沿变成了一个泥淖。于是，我建议大家跟我一起在那里建一个可以站的小码头，我指了指远处的一堆石块，这些石块是为了在附近建造小屋准备的，但此时我们好像更需要它们。因此，在傍晚时分，工人们离开以后，我找了几个小伙伴，我们像一群不知疲倦的小蚂蚁一样，将石块搬到了我们需要的地方，并且建好了一个小码头。第二天早上，工人们发现石块不见了，后来终于在我们的小码头上找到了。他们开始调查到底是谁干的。紧接着，便找到了我们，并将这件事通知了我们的父母。我们中有好几个人因此受到了责备。虽然这件事在我看来是一件好事，并且我也这么跟我的父亲解释过，但他还是要我知道：不诚实的事情是有百害无一利的。

3. 我的父亲母亲

我想你可能想知道我父亲的为人和性格。他有一个很棒的身体，中等身材，长得很壮实。他颇有艺术天分，可以画漂亮的画，还懂一些音乐。他的嗓音很好，在做完一天的工作之后，他会用小提琴拉出自己喜欢的曲子，并且跟着哼唱，听起来非常美妙。他简直是一个机械天才，有时候碰到其他行业的工具，他依旧可以运用自如。他在处理重大工作或者私人事务时，都表现出一种审慎的态度和正确的判断，这是他的卓越之处。事实上，他从来没有参与政事的机会，家里的孩子太多，他得去教育，家庭的负担太重，他根本离不开他的行业。但我清楚地记得，当地的知名人士会频繁到访，咨询他关于镇上，以及教会的相关事务，他们都很重视我父亲的判断和建议，与此同时，人们在自己生活中遇到麻烦的时候，也愿意前来讨教。他常常被人们选为化解争端、调解双方矛盾的中间人。他通常喜欢请一些邻居或者友人来家里吃饭，然后在餐桌上纵谈，他总能在这个时候提出一些巧妙益智的话题，这也在一定程度上增加了他的孩子们的智慧。通过这种方式，他让我们将更多的关注点放在了美好、公正、谨慎的品德的培养上，从而对餐桌上的食物完全不在意了，无论饭菜做得是否可口，我们都不会在意，更不会去和其他食物做比较。这一习惯导致我长大之后对这些事情也不加在意，对于在我面前的菜品也毫不关心，甚至粗心大意到饭后几个小时有人问起吃了什么饭我都会无言以对。在旅行过程中，因为食物不可口，和我同行的人却因追求精致口感和食欲而心情低沉时，我觉得我从小的习惯就派上了用场。

我的母亲也有同样优良的体质：她哺育了她的十个孩子。我只知道我的父亲和母亲在去世前患过病，以往任何时候我从来不知道他们有什么疾病。我的父亲活了89岁，母亲85岁，他们被安葬于波士顿，长眠在一起。几年前，我在他们的墓前立了一块大理石的墓碑，所刻碑文如下：

约翰·富兰克林
和他的妻子艾比亚，

同眠于此。

在婚后，他们相互扶持了 55 年。

他们没有田产，工作的报酬也不高，

通过不断的辛勤劳动，

与上帝的祝福，

维持着一个大家庭舒适度日。

他们一起抚养了 13 个孩子，

7 个孙子，

美名远扬。

看到这个例子的人，

你应该时刻勉励自己要勤奋，

要相信上帝。

约翰是一个虔诚而谨慎的男子；

艾比亚是一个低调贤惠的妇女。

他们最小的儿子

立碑铭记，

聊表孝心。

约翰·富兰克林生于 1655 年，卒于 1744 年，享年 89 岁。

艾比亚·富兰克林生于 1667 年，卒于 1752 年，享年 85 岁。

　　我絮絮叨叨说了很多跑题的话，这些现象说明我在逐渐衰老。以往我写的文章要比现在有逻辑，就像人们在私人聚会和公共舞会上衣着的不同一般，如今或许只是多了一些懒散而已。

　　我们重新回到之前的话题上：我又在父亲的店铺里继续待了两年，也就是说，直到 12 岁我还在那个店铺。我的哥哥约翰之前是学皂烛制造业的，但这个时期他已经成了家，离开了我的父亲，并在罗特岛自立门户了，显然，我得继续接他的班，成为一个制造蜡烛的工匠了。但是我的父亲也知道我并不喜欢这个职业，如果不找到一个更适合我的工作的话，他担心我会学习他的儿子约瑟亚，独自逃脱去航海，这件事让他十分恼怒，一直耿耿于怀。因此，有时候他会带我去一些工人工作的地方走走，去看看那些木匠、砌砖匠、车工、铜匠等的工作，通过这些来观察我的兴趣倾向，试图让我将目光聚集在一些陆地上的贸易工作上。自那时起，我便开始用心留意那些工人们工作时如何使用他们的工具。这种观察让我获益匪浅，它让我学到了很多，所以在缺乏工人的时候，我通常可以自己对家里进行一些小修理，当我的心里有做实验的强烈愿望时，我还会通过自己的实验制造出一些小机器来。最后，我的父亲决定让我进入制刀业。那个时候，我的伯父本杰明的儿子塞缪尔已经在伦敦学习了制刀业，并在波士顿已经开始了自己的事业，父亲便把我送到了他那里同住，并让我试着从事这个行业。但是，因为塞缪尔想借此从我的父亲那里得到报酬，这激怒了我的父亲，随后我便被带回了家。

二　印刷工生涯

1. 好读书的习惯

当我还是一个孩子的时候，我就把自己手中的零花钱全部用来买书了。我很喜欢《天路历程》这本书，最初我收集的是约翰·班扬文集单本发行的小卷本。后来，我将它们卖掉并用这笔钱买了伯顿的《历史文集》。这些小开本的书一般是由小书商贩卖的，价格比较低廉，这本文集总共有 45 册。我父亲的小图书馆主要收藏的是一些和神学论辩有关的书，其中绝大多数我都读过了，但在那个时候，我已经决定不做牧师了，在我阅读欲望正强烈的时候，我却没有更多的书籍，这是迄今为止我的一大遗憾。我还在那里找到了一本普鲁泰克的《英雄传》，我读了好多遍，我觉得读这本书花费多少时间都值得。还有一本笛福的《论计划》，以及马太博士的《论行善》，这些书对我的思维和一生都具有重大影响。

对于这些书的爱好增加了我的书生气，这也让我父亲最终决定让我学习印刷业。尽管他已经有一个儿子从事的是这种职业。1717 年，我的哥哥詹姆斯从英国带着一架印刷机和铅字回到了波士顿，准备在波士顿开展自己的事业。尽管我对印刷业的兴趣多于从事我父亲的职业，但我对于航海始终念念不忘。为了预防这种念头产生不良的后果，父亲急不可耐地想将我送到哥哥那里去学习。开始的时候我是反对的，但最后还是被说服了，签署协议的时候我只有 12 岁。按照协议规定，我的学徒生涯将在我 21 岁的时候结束，但只有在最后一年我才能获得和熟练工人一样的工资。在很短的时期内，我便精通了我的业务内容，并且成了我哥哥的得力助手。这个时候，我有了更多阅读好书的机会。我跟一些店铺里的学徒们日益熟络，这让我有机会从他们那里借到一些书，但我非常谨慎，通常很快便会还给他们，并且还要保持书面的干净与整洁。有时候我借到一本第二天一早必须放回原位的书时，夜里我便选择挑灯夜读。因为这些书通常都是怕被发现或者有人即将来买的书。

过了一段时日，我所在的印刷铺来了一位名叫马太·亚当的人，他是个异常精明的商人，家里有很多精美的藏书，他常常光顾我们的印刷铺，因此注意到了我，他热情地邀请我去他的藏书室，并且很大方地借给我一些我想读的书，就是这个时候起，我爱上了诗歌，并且写下了几首小诗。我哥哥认为写的诗歌以后准会派上用场，所以经常鼓励我写作，他还让我创作两个民谣故事。其中一个名为《灯塔悲剧》，主要讲述船长华萨雷和他的两个女儿溺水而亡的故事。另一个则是《水手的歌》，叙述的是水手捉拿海盗的过程。这两个在我看来毫无用处的故事，采用的是街头民谣的创作风格。印刷之后，哥哥让我拿到镇上去卖。第一个的销路很好，因为它所讲述的故事都是即时发生、并且引起很大反响的事情。这简直让我受宠若惊，我的虚荣心得到了极大的满足。这时，父亲给我泼了冷水，他不但对我加以劝阻，并且还嘲笑我的诗作，他说诗人最终都会沦为乞丐。就这样，我最终没能在作诗的道路上走得更加长远，这也是不幸中的万幸，倘若我成为诗人，很可能是个低俗的诗人。但是，因为我的散文创作对我的生活影响极大，这成了我进步的一个主要手段，在这种情况下，我要告诉你的是我在这一方面学有所成的经过。

在镇上，还有一个书生气十足的小伙子，他的名字叫作约翰·柯林斯，我和他交往密切。有时候，我们也会有争议，但我们都很乐意进行这种争辩，非常渴望通过这种争辩驳倒对方的观点。顺便说一句，这个争辩的癖好，很容易慢慢变成一个非常不好的习惯，这使得人们常常变得讨厌协作时的矛盾，为了争辩就必须付诸实践提出反对意见，而这点很容易令人产生厌恶或者敌意，破坏人们的友谊。我的这种爱好源于对我父亲的那些宗教论辩书籍的阅读。我通过观察已经发现，明智的人很少会沾染这种习气，当然，律师、男大学生，以及在爱丁堡接受过各式训练的人除外。

不知因何而起，我和柯林斯之间讨论起了关于当时的教育和女性的学习能力的问题。柯林斯认为，女性不应该接受高等教育，他觉得她们与生俱来的劣势造就了她们不平等的待遇。我的观点和他相左，也许只是为了争辩的缘故。他准备了充足的辩词，自然更具说服力。有时候我想，我之所以会被他驳倒，是因为他言语的流畅程度，而不是他的观点。在我们分别时，这个问题还没有得到解决，我知道我们将有一段时间不会再碰面了，于是我将我的观点坐着写出来，誊好后寄给了他，他回了信，我又给他答复。就这样，我们交换彼此的观点并通了三四次信件。我的父亲偶然间发现并且读了这些信件，他并没有直接参与我们的辩论，但趁机跟我谈了写作方法的问题，他通过观察告诉我，虽然我在用词和标点的格式上胜过了柯林斯（这得益于在印刷铺的工作经历），但对方优雅的措辞、清晰的条理和缜密的逻辑却远远超过了我，他从中举出几个例子说服了我。我认为他这句话是公正的，因而此后更加注意用周全的态度进行书面表达，并决心努力改善不足之处。

就在这时，我得到了一本《旁观者》的零本，是第三册，在此之前，我从来没有见过这个刊物。我买下了它，一遍又一遍地阅读，我非常中意它的写作风格。我认为它是一本优秀的著作，如果有可能的话，我希望可以模仿它去写作。为了让这种观点在我的写作中得以体现，我将一些论文拿出来进行了简单的总结，接着将它们放了几天，不去看原书，而是直接用我能想到的合适的句子完整地表达出来，然后整合成一篇像之前一样的完整的论文。接着，我将我整合的与之前的进行比较，从中发现了我的不足之处，并做了修改。但是我发现，由于储存的词汇量太少，我甚至很难及时想到合适的用语，我想如果以前我一直在坚持回忆和使用它们的话，我的词汇量一定比现在丰富得多，因为我会有时间和机会去研究一些意思相近但拼写不同的词的韵律，这有助于我记住这些词并且能够熟练地使用它们。因此，我把一些故事变成了诗句，一段时间过后，当我差不多忘了最初的散文时，我再次回过头来将它们还原。有时候，我也会陷入乱糟糟的境况，我会将那些整合过的思想混淆，而经过几个星期的努力之后，我会将它们的次序又整合好，然后再写成完整的句子，最后拼成论文。这是为了教我思想排列的方法，将整合后的与原来的论文对比之后，我发现了许多错误，并对它们予以修正。但我有时候会产生幻想，对于一些小细节的修改的乐趣鼓励了我，使我不断地改善措辞和风格，使我相信终有一天我会变成一个雄心勃勃的英国作家。

我的这些阅读和练习的时间一般安排在晚上下班之后，或是早晨工作之前，以及星期天，尽管星期天我的父亲总是督促我去做礼拜，就算我知道做礼拜是我的责任，也体现了他对我的关怀，但我还是会尽可能地避免参加这种活动，我实在没有时间去参加，总会想办法独自一人留在印刷铺里。

2. 头脑清晰的秘诀

在我 16 岁那年，碰巧发现了一本书，作者是一个叫特赖恩的人，以推荐素食为主要内容。因此，我下定决心要吃素。那个时候，我的哥哥还没有结婚，没有人料理家务，他常常和他的徒弟去别人家吃饭，我不吃肉食的习惯给他们带来了麻烦，因此他们总是责骂我有怪癖。

从那本书中，我学到了一些做菜的方法，比如煮土豆、米饭，还有速食布丁，然后我向我的哥哥提议，如果他可以把我每个星期的伙食费分一半给我的话，我将自己解决伙食问题，他听后毫不犹豫地立刻答应了我，没过多久，我发现我可以从他给我的伙食费里省出一笔钱来去买书。这还多了一个优势，就是我哥哥和他的徒弟们离开印刷铺外出吃饭时，我常常一个人留在那里，这时候我会吃一些简单的食物，常常是一块饼干、一个面包、一把葡萄干或者从面包铺买来的一个馅饼和一杯水。这样一来，在他们返回印刷铺之前，我通常有大段的时间可以用来学习，而在饮食上的节制使我的头脑变得更加清晰，思维也更加敏捷，我从中取得了更大的进步。

以前我常常因自己算术不好而感到羞愧，在学校的时候，我的算术还有两次是不及格的，所以这个时候我看了一本考克氏的算术书，整个地认真学习了一遍。我也读了舍勒和斯图美的一些书，并熟悉了其中包含的一些几何知识。然而，我没在研究几何学的道路上走多远。我又读到了洛克的《人类悟性论》和波尔洛亚尔派的代表人物所写的《思维的艺术》。

正当我专注地改善我的语言的时候，我意外发现了一本英语语法（我认为这是格林乌的语法），书的后面附有两篇修辞法和逻辑的简要介绍，后者在文末用了一个苏格拉底的论辩的例子作结。此后不久，我便买了一本色诺芬的《苏格拉底的重要言行录》，这本书涵盖了诸多对话法的例子。我很中意这种方法，于是便学着使用它，并放弃了我之前那生硬的辩驳，开始采用谦逊的发问和积极的论证。当我读了沙夫茨伯里和柯林斯的作品之后，我慢慢变成了一个对我们很多宗教教义持怀疑态度的人。我发现这种方法安全并且恰当，但常常使我的对手陷入尴尬的境地。我喜欢上了这种方法，通过不断的使用和练习，我可以巧妙且熟练地使用它了。这种方法使得那些学养深厚的学者也经常不得不有所让步，这又让他们觉得出乎意料，于是，他们常常陷入这种尴尬的境地，甚至无法自拔，所以胜利总会属于我。这种方法我继续用了几年，后来逐渐不再使用，但一些语言表达习惯和谦逊的语气我一直保留了下来。当我提出有争议的观点时，从不使用"肯定""毫无疑问"或其他任何表示肯定的词。而是会说"假设"或"猜想"如此，在我看来，不管是什么理由，都可以采用"想象这件事便是如此"或者"如果我没错的话"等这种措辞。这个习惯对我大有裨益，这使我有机会让别人听我灌输自己的观点，进而接受这个观点，最后说服他们。谈话的目的无非是教导别人，让别人在良好的心态下接受教导，所以，我希望人们不要减少善意与明智，切忌不要用一种独断而自以为是的方式交谈。这样往往会破坏语言存在的终极目标，反而会使交流遇到障碍，感情也出现矛盾。辩论最终是要阐明一种观点，从而使意见一致。所以只有在讲话时保持善意和积极，使听众不反对你，这才是明智之举。如果你交谈的目的是为了从别人那里获取经验教训，而你又异常自以为是的话，若遇到一个谦逊的对手，你的错误将永远成为错误。与此同时，你的态度会让人感到不舒服，那你也很难让人接受你的观点。蒲柏曾经说过一些审慎而明智的话：

> 别用教训的语气去劝导人；别人不懂的事情你要当作他遗忘的事情去提醒。

接着他还建议我们：

> 即使你深信不疑，也要保持谦逊的语气。

这里还可以用蒲柏的另一个句子形成照应，我个人感觉这个句子放在此处比它原来的位置更恰当：

> 傲慢是偏执的愚蠢。

如果你想知道我这么做的原因，那我就把原诗放在这里：

大言不惭其实缺乏根据，只因傲慢是偏执的愚蠢。

这么说来，愚蠢（如果有人不幸如此的话）不正是傲慢的根源吗？那么，将这两行诗罗列在此，不恰到好处吗？

大言不惭的根据，源自愚蠢。

然而，是否确实如此，还有待更多的有识之士指正。

3. 《新英格兰报》的出版

在 1720 年或 1721 年时，我的哥哥开始印刷报纸。这份报纸叫作《新英格兰报》，是美洲殖民地出现的第二份报纸。此前，仅有一份叫《波士顿邮报》的报纸。我记得，一些哥哥的朋友觉得印刷报纸不会有好前景，都劝他打消这个念头，他们觉得殖民地仅需要一份报纸就可以了，而 1771 年已经有超过 25 种的报纸存在，但我的哥哥并没有放弃，他继续着自己的事业。报纸排版、印刷结束后，就立即让我送到镇上的订户家里。

哥哥有一些很聪明的朋友，他们喜欢为报纸撰写一些小故事，这增加了报纸的趣味性，提升了整个报纸的影响力，从而增加了报纸的销量。他们常常会来印刷厂。我会听到他们的谈话内容，并知道了报纸的受欢迎程度，这让我产生了给报社寄一些文章的想法。但是，我还是一个孩子，我担心哥哥会反对将我的文章在他的报纸上发表。于是，我想办法做了掩饰，变换了笔迹，并且用匿名的方式将我的文章于夜里放在了印刷铺门下。第二天早上，我的哥哥发现了，当他的那些写文章的朋友再来印刷铺时，他将文章交给了他们。我听到他们读过文章后大加赞许，当他们谈论匿名的作者时，提到的都是一些博学而聪慧的名人。这让我暗自窃喜。现在想起来，我真的很幸运能得到这些绅士的赞赏，但同时觉得他们或许并没有我当时所想的那么优秀。

即便如此，这次的赞赏依旧鼓励了我，我又充满热情地写了几篇文章，并用同样的方式送到印刷厂，当然，也受到了他们的好评。我一直以这种秘密的方式进行着，直到有一天我开始厌倦了这种方式，而我那原本匮乏的常识被使用殆尽后，一切便公之于众了。这时，哥哥开始对我另眼相看，他的朋友们对我的评价也更进一步，但这也让我的哥哥大为不快，因为他担心我的做法或许会让我变得更加自负。而这件事情或许也成了我们争吵的原因之一。尽管他是我的哥哥，但他一直以师傅自居，我一直是他的学徒，所以，他要求我应该和其他学徒一样替他干活，但我觉得这个要求有点过分，我觉得他首先应该是我的哥哥，其次才是师傅，他应该对我更好一些，而有时候他的一些做法让我觉得很没面子。有时候，我们的争吵会惊动父亲，父亲往往是袒护我的。但我的哥哥性格急躁，常常会很粗暴地动手打我，这让我十分生气。我的学徒生活单调极了，于是我总想找到一些理由缩短它。终于，这样的机会到来了。我想，大概是因为哥哥蛮横的态度，让我在以后的人生中对独断专横异常恼火。

4. 学徒应当忠于师傅

一篇刊登在我们报纸上的关于某个政治问题的文章（我现在已经忘了这篇文章的题目）惹怒了当时的州议会。他们立刻发出了一张逮捕令，逮捕了我的哥哥，并且将他起诉了，最后哥哥被判了一个月的有期徒刑，我想这大概是因为他没有向法官泄露半点文章原作者信息才导致的吧。接着，我也被逮捕了，他们还在法庭上审问了我，不过我的回答巧妙地避开了他们想要的答案，于是他们对我进行了一通教育之后，便把我放了，可能他们也觉得作为一个学徒，应当忠于自己的师傅吧。

尽管我与哥哥心存芥蒂，但仍旧为他被判刑而感到愤懑。在他被刑拘期间，我接管了印刷报纸的事务。我开始在报纸上大胆地发表文章，评价当时的时局，我哥哥倒是挺喜欢这些文章，但也有一些人开始对我产生了极坏的印象，我在他们心里变成了一个浅薄而好议是非的热血青年。于是，当我哥哥刑满释放时，接到了州议会下达的命令（一个十分古怪的命令），"禁止詹姆斯·富兰克林继续发行《新英格兰报》"。

我哥哥和他的朋友们在印刷铺里开了一次会，商量应对当时形势的具体办法。有人建议应该为报纸换一个名字，这样就可以避开法令，但我哥哥觉得这样做可能会招惹更多的麻烦，最后大家决定将报纸改用本杰明·富兰克林之名继续发行。为了避免州议会的责难，声称他仍旧通过他的学徒发行报纸，于是他们打算将之前的师徒合同归还我，并在合同上注明解除所有义务，在必要的时候我可以拿给他们看。但为了确保我继续跟着他学徒，我不得不另外再签一份新的合同，继续履行学徒的义务，但这份合同是私下里签的，不能示众。这个决定实在不算高明，但我们大家还是立刻采取了行动，就这样，这份报纸又以我的名义继续发行了几个月。

我和我哥哥之间的矛盾终于到了爆发的节点，我始终坚持要维护自己的自由，并认定他断然不敢将新的合同拿出来。我这么做其实是不道德的，这也是我自认为平生所犯的第一个大错。但是他那火爆的脾气让他时常对我拳脚相加，因此我心中的愤慨使我选择无视这一行动。然而，平日里他的性情还算温和，大概是因为当时的我太过无礼，太让人生气了吧。

当他得知我要离开时，便想方设法让我在镇上所有的印刷铺都找不到工作，他几乎走访了所有的印刷铺，告诉了每一位老板，因此他们都不愿给我工作的机会。那时，我有了去纽约的念头，因为那里有一家印刷铺，而且离波士顿很近。当时我已经激怒了当地州议会，我依旧记得州议会在办理我哥哥的案件时表现出的蛮横态度，我想，如果我继续待下去，定会陷入麻烦之中。与此同时，因为我曾发表过一些关于宗教问题的欠妥的言论，所以那些虔诚的教徒将我视为异类。我考虑到了这些因素，所以更想离开波士顿。我已经下定决心要离开家了，但这时候我的父亲和哥哥站在同一阵营，我若想光明正大地离开家，肯定会受到百般阻拦。所以，我的好朋友柯林斯替我想了一个绝佳的办法。他说通了一个纽约州的船长，船长答应我可以搭乘他的船离开。柯林斯告诉船长，我是他的一个朋友，因为让一个不三不四的女孩怀孕了，女孩的朋友都逼迫我娶那个女孩，所以我只能藏在船上离开。我卖掉了一部分书籍，凑了一些钱，然后悄悄上了船。一路很顺利，3 天后我抵达纽约，就这样，17 岁的我来到了一个离家 300 英里远的地方，我在这里没有认识的人，也没有介绍信，仅有的是口袋里少得可怜的一点钱。

三 费城的冒险之旅

1. 漂泊伊始

此时的我已对航海失去了兴趣，不然我大可以借此机会实现这个夙愿。然而，因为我学会了一门手艺，并且我对自己的这门手艺相当自信，所以我去找了当地印刷铺的老板威廉·勃拉福，并请求这位老人收我为伙计。他在宾夕法尼亚开了第一家印刷铺，在与乔治·开夫（George Keith 1639—1716 年，英国"教友会"的一个牧师）发生矛盾后，他于 1684 年从英国移居到了美洲，他曾在费城当过老师，后来因为教义问题又与其他教友发生了争执，于是自己创立了一个教派，叫作"基督教友会"（Christian Quakers），又叫作"开夫派"（Keithians）。他的印刷铺生意清淡，用不了多少伙计，所以没法雇用我。不过他告诉我说："我的儿子在费城做生意，听说最近他的助手阿克拉·罗斯病故了，正好缺人。如果你去找他，我相信他会留用你的。"尽管费城与纽约之间有 100 英里的距离，我还是义无反顾地选择出发了，先是坐船，将行李放在了安蒲，随后海运过来。

　　船只在横渡海湾时遭遇了狂风，我们的船帆被撕成了碎片，无法驶进小河，狂风将我们带往长岛。中途，一个醉酒的荷兰乘客失足坠海，在他的身体开始下沉的时候，我拽住了他的头发，把他从海里拉了上来，用尽力气将他拖回了船上。海水让他清醒了，他从口袋里找出一本书，让我帮他弄干，随后又倒头睡去。我接过来一看，发现这正是我一直以来很喜欢的作家班扬的《天路历程》，书是荷兰文的，纸质不错，印刷非常精美，内文中还附有铜版纸的插图，这绝对是我见过的最好的版本。到后来，我发现《天路历程》已被译成了欧洲大多数的语言，我想，它应该是仅次于《圣经》的书籍了，它拥有广泛的读者。据了解，书中的"诚实的约翰"是指约翰·班扬（John Bunyan），是将对话混进叙述中的第一人。这种手法吸引了读者的眼球，在比较精彩的部分，读者有身临其境之感。后来笛福的《鲁滨逊漂流记》《摩尔·弗兰德尔》《宗教求爱》《家庭教师》等都有模仿过这种手法。包括理查孙，在《帕米拉》等书中也有采用这种手法的痕迹。

　　在船只快抵达长岛时，我们才发现，此地根本不适合登陆，这个地方乱石丛生，海浪汹涌。这样一来，就算船已经抛了锚，但船身还是朝着海岸大幅摇摆。岸上来了人，向着我们大声呼喊，我们也朝他们呼叫，但是风浪太大了，以致我们听不清对方说了什么，没办法弄清楚对方要表达的意思，岸边停着小船，我们做着手势，想让他们用船来接应，但是他们可能根本没明白我们比画的意思，或者他们觉得无能为力，最后，他们走开了。天黑了下来，除了等着风势减小，我们别无他法。在这个时候，我和船老板决定去歇息一会儿，前提是如果还睡得着的话。就这样，我们跟全身湿透的荷兰人一同挤在小小的船舱里。外面浪打在船头上，漏进舱来再打到我们身上，没过多久，我们和那个荷兰人一样全身湿透了。就这样，我们睁着眼躺了一夜。第二天，风势慢慢减弱了，我们要努力在天黑前到达安蒲，因为我们已经在水上漂了三十个小时，没有食物，也没有饮用水，船外的海水是咸的，我们有的只是一瓶混浊的糖酒。

就在当晚，我发起了高烧，于是早早睡了，我记得曾经在什么地方看到过多喝凉水能治疗发烧这样的话，于是我就这样做了，然后一直在出汗，但高烧慢慢真就退了。第二天上午，过了渡口，便向着五十英里以外的柏林敦徒步前进，据说在那里有可以送我直达费城的船。

这天一整日都下着大雨，我的全身湿透了，到了中午，我感到很累。就在一家小旅店里休息了一夜，这时，我开始有点想家，后悔当初的离家出走。从与别人的对话中我感觉到，我穷酸的外表甚至让人怀疑我是一名私逃的仆役，这样我极有可能因为这种怀疑而被逮捕。尽管如此，到了第二天，我依旧继续赶路，傍晚时分，我在离开柏林敦八英里或十英里的一家旅店里投宿。我一边吃饭，一边跟店主勃朗大夫说话，交谈中，他发现我读过一些书后，态度明显友好平和了很多。我的友谊始于此时，止于他的离世。我猜测他以前可能是个四处游走的医生，因为他几乎知道英国或是欧洲大陆国家的每一个城镇，而且都能对其进行详细的描述。他很有智慧，颇有学问，但不信仰宗教。几年之后，他甚至淘气地将《圣经》改成了滑稽而拙劣的诗体，就像可顿以前改写维吉尔的诗那样。这样的做法使得《圣经》中的诸多故事显得异常荒谬，如果这部作品一旦出版的话，或许会对那些信仰不坚定的人产生不好的影响。好在它至今都未出版。

那天夜里，我在他的店里住了一晚，第二天到达柏林敦时，我发现在我到达前不久，去费城的那趟定期航船已经开走了。因为那天是星期六，下一趟开往费城的航船要等到下个星期二才走。因此，我又回到了城里，我去了一位老妇人那里，请教她我该怎么办，我曾经在她跟前买过一些准备上船吃的姜饼。善良的她邀我住在她家，等船启航。我走得实在太累了，便接受了她的邀请。当她听说我是一个印刷工的时候，她劝我留在柏林敦开一家印刷铺，但她并不了解开设印刷铺需要多大的成本投资。她很热情地招待了我，请我吃了一顿牛肉饭，但只接受以一壶啤酒为代价。我以为这样我就能安心等到船启航的时间了。然而，傍晚的时候我在河边时恰巧来了一只船，这船正好是去费城的，船上载了几个人，我跟他们协商之后，他们让我上了船，一路上都没有风，所以我们划着船前行，午夜时分，却还看不到费城，有人坚信是我们划过了费城，所以打算停下来。其他人也不知道我们究竟是到了哪里。于是，我们向河岸划去，船驶入了一条小河浜，并在一道旧木栅旁登了岸。十月的天气，夜晚很冷，我们用木栅生了火，一直待到了天明。当时，船上有个人认出了这是一个叫库柏河的地方，在费城的北面。我们驶出这条河就能看到费城了。大概是在星期日早晨八九点时，船到达了费城，我们一行人在市场街码头上了岸。

2. 截然不同的城市

我对这次旅程描述得非常详细，我也将我初次进入此城的前后经过都做了叙述，这么做的目的，是为了让你能将我当初前路渺茫进入该城到后来在该城有所作为后的情形加以对比。我穿着工作服，稍微体面点的衣服要通过海运寄来。我的口袋里装满了衬衫和袜子，一路风尘仆仆。这里我没有一个认识的人，也不知道该去哪里投宿。再加上一路划船，缺乏休息，我的身体非常疲惫。我的肚子很饿，但口袋里只剩下一元荷兰币和大约一先令的铜币。我将铜币付给了船上的人，起初他们不肯收，因为我卖力划船了，后来在我的坚持下他们收下了。我想，当一个人没什么钱的时候往往比有钱的时候更加慷慨，或许只是怕被别人当成穷酸的人吧。

接着，我走到了街上，打算四处逛逛，当我走到市场时，碰到了一个男孩，他的手里拿着面包。以前面包曾被我当作主食。我上前询问他买面包的地方，他指给了我，那是位于第二街的一家面包铺。我很快跑到了面包铺里，我想要那种波士顿的硬面包，但他们费城好像做不了这种面包。然后我告诉他们我要三便士一个的面包，他们也说没有。就这样，可能是因为我没有考虑到不同地域货币价值的不同，我也不清楚这家面包铺到底有什么样的面包，费城的物价比较低，我请他给我价值三便士的面包，任何种类都可以，然后他给了我三个大面包卷。这个数量让我感到惊讶，但我还是收下了。由于面包太大，我的口袋又太小，我就把两个面包夹在胳膊下，剩下的一个拿在手里边走边吃，就这样，我沿着市场街一直走到了第四街，经过了后来成为我的岳父的李德先生门前，我未来的爱人碰巧也立在门口，她看见了我，觉得我当时的样子滑稽又尴尬，不过确实如此。然后，我转到了板栗街和胡桃街的一段，我的面包还没有吃完，然后我又转了个弯，发现我又回到了市场街码头，我看到了刚坐回来的那只船。我跑到码头附近喝了点水。一个面包卷吃完，我已经很饱了，就把剩下的两个给了和我一起从江上来的妇女和她的孩子，她们正等着开船继续赶路。

稍息片刻，我又跑回了街上。这时街上有很多衣着考究的人在朝着同一方向前行，于是我跟上了他们的队伍，来到了市场附近一个大型的教友会的会所。坐在他们中间，我扫视四周，没有发现有讲话的人，因为旅途的困顿，我很快就睡着了，直到队伍解散时，一个好心的人叫醒了我。所以说，这个会所是我在费城睡过的第一间屋子。

醒后我又朝河边走去，一路上我看着各色路人的脸，直到遇见了一个看着和善的年轻教友会教徒，我上前跟他打招呼，询问他外地人在此地的借宿之处。当时，我们附近有"三个海员"的招牌。他说："这里就有一个，但是声誉不大好，如果你愿意的话，我告诉你一家较好的地方。"接着，他带我来到水街的"弯曲旅店"，我在这里吃了一顿午饭。吃饭时，他们问了我一些问题，可能是因为我的年龄和服饰的缘故，他们的发问中掺杂着猜疑，或许，他们认为我是一个私逃者。

吃完午饭，我又感觉困了，他们便给我安排了一张床，我没脱外衣就躺下睡了，醒来时已经是晚上六点钟，他们招呼我吃晚饭，饭后我又早早地上床睡了，这一觉一直酣睡到了第二天早上。起来后，我将自己收拾一番，以整洁的面貌去了安得鲁·勃拉福的印刷铺，在那里我碰到了在纽约见过的老人——安得鲁·勃拉福的父亲。老人是骑马过来的，所以比我先到费城。他把我介绍给了他的儿子。我受到了礼貌的接待，还受邀一起吃了早餐，可他告诉我暂时不需要助手，因为最近新添了一个人。但他介绍了另外一家印刷铺给我，店主名叫凯姆，说是或许可以雇用我。若我在那里也不能留下来，就再来找他，帮他在店里做一些零碎的活儿，直到我找到正式的工作为止。

3. 雏鸟和老狐狸

老勃拉福提议跟我一道去见那个印刷铺的老板凯姆。见到凯姆时，老勃拉福大声说："嗨，朋友，我为你带来了一位年轻的印刷工，或许你正需要一个这样的人。"凯姆问了我一些问题，并给我一个排字架看我怎样工作，然后他说了一些话，大意是：他暂时还没有工作安排给我，但是用不了多久，他就可以雇用我了。凯姆从未见过老勃拉福，只把他当作镇上一位善意的老人，然后对老勃拉福大胆地谈论目前事业的发展状况和对未来事业的规划。老勃拉福对自己的身份只字未提，凯姆并不知道他是镇上另外一家印刷铺老板的父亲，听凯姆说他打算不久后将镇上的大部分印刷事务承包下时，老勃拉福便用巧妙的提问和质疑，将凯姆的全部想法听到了，知道了凯姆依靠谁的势力，打算如何进行。我立在不远处，听着他们的谈话，立刻察觉到这是一只老狐狸和一只雏鸟之间的对话。老勃拉福让我留在凯姆那里，然后自己离开了。后来，当凯姆得知老勃拉福的身份时，他简直瞠目结舌。

凯姆的印刷铺里只放着一台破旧的印刷机和一套已经磨损了的小号英文铅字。他正打算用这套铅字排印一首纪念阿克拉·罗斯的挽歌。我在前边提到过罗斯，他是一个极其聪颖的青年，品德高尚，受人敬重，还担任州议会的秘书一职，诗写得不错。凯姆也写诗，但写得很差劲。事实上，他并不是在写诗，而是简单地将头脑中的想法排成铅字。因为挽歌的印刷有可能需要全部的铅字，在没有手稿的情况下，只有两只活字盘是不能完成工作的，因此没有人愿意帮忙。凯姆对印刷机真的是一窍不通，他的印刷机从未被使用过，我想办法整理了一下使其能用于工作，并答应可以帮他将挽歌排印出来。然后，我又回到勃拉福那里去了。勃拉福安排我做一些零活，我吃饭和住宿都在那里。过了几天，凯姆来找我去排印挽歌，他自己找来了另外的两只活字盘，还要重印一个小册子，于是，我的工作开始了。

慢慢地，我发现这两个人都不太懂印刷，勃拉福没什么文化，也没有专门学过印刷。凯姆还有点文化，但只懂排字，不会印刷，他曾是法国先知派教友，经常表现出一副激动而热烈的样子。这时他并不会完全表明自己信仰什么宗教，各种教派都相信一点，比较多变。他不大懂人情世故，骨子里还有一点小无赖。我开始在他这里工作的时候，他劝我不要再去勃拉福那里住。他倒是有一处住所，但因为里边还没有添置家具，因此也无法安置我，但他倒是替我找到了一个房东，就是前文中提到过的李德先生。这时，我的箱子和衣服也运过来了，我换上了干净得体的衣服，这样一来，在李德小姐眼里，我的样子会比她第一次碰到我时体面一些了。

这时，我慢慢结识了一些城里爱读书的年轻人，我们经常在晚上聚会，通过勤俭节约，我攒下了一些钱，生活也越过越好了。我试图忘掉波士顿，并且不想让在波士顿的任何人知道我的住所，当然，柯林斯除外。他知道我的住址，我写信告诉他务必替我保守秘密。然而一件意外事件的发生，让我不得不重新回去那里，甚至比我原先定的时间要早很多。我有一个做船主的姐夫，他叫劳勃脱·荷麦斯，经常往来于波士顿和道拉瓦之间，他也算是一位商人，当他的船在费城南边四十英里的纽开色靠岸时，他打听到了关于我的消息，随后写了一封信给我，信中表明了我在离家之后波士顿亲友们对我挂念和担心，并善意地表示，如果我回去波士顿，我可以按照自己的想法做我想做的任何事，他是诚心实意地想劝我回家。我给他回了一封信，对他的劝说表示感谢，但在信中我详细描述了离开波士顿的缘由，这样一来，他就不会觉得我当时的出走是多么不通人情世故了。

四 造访波士顿

1. 得到了祝福与认可

当时，宾夕法尼亚的州长威廉·基夫爵士碰巧也在纽开色。信送到我姐夫手中的时候，他刚好和州长在一起，随口谈起了我，并将我写的信让州长看了。州长看完信，又听到我的年龄时表示很惊讶。他说我将来会很有前途，所以必须大加赞赏和鼓励。他说费城少有质量较好的印刷铺，如果我在那里开一家，必定会大显身手。他也愿意替我招揽一些合作伙伴，可以在我需要的任何方面帮助我。这是后来我到波士顿时我姐夫讲给我的，当时我并不知道这些。有一天，我和凯姆一起工作的时候，我们看到州长和一位穿着华丽服饰的绅士（后来得知他是纽开色的富兰契上校）穿过马路朝我们的印刷铺走来，紧接着，响起了一阵敲门声。

凯姆以为是探访他的客人，即刻下楼去开门，但州长点名要见我，他上楼后，以一种我不大适应的谦和与我交谈，说着一些很客气的话，表示认识我很高兴，还善意责怪我当时到费城时应该让他知道。接着他邀请我和他一起去酒馆，并表示富兰契上校也会一同前往，据说那里有上好的白葡萄酒可供我们品尝。我简直受宠若惊，凯姆也在一旁目瞪口呆。随后我陪同州长和富兰契上校一起去了第三街拐角处的一家酒馆。在酒桌上，我们一边畅饮，一边谈论。州长劝我开展自己的事业，并表示我成功的可能性非常大，他们两人保证可以凭借自己的实力帮我招揽到一些军政方面的公家生意。当我告知他们还未告诉我的父亲这件事的时候，州长表示可以帮我给我的父亲写一封信，在信中他会详细介绍这项计划的优点，他保证可以说服我的父亲。于是，就这样决定了：我会带着州长的介绍信搭乘下一趟船回去波士顿。但在这期间我不会公布我的计划，我会继续像往常一样在凯姆的印刷铺里工作，州长会时不时地请我去吃饭，这在当时的我看来简直是一种莫大的荣耀，他总会以一种亲切而又友好的姿态与我交谈。

大约是在 1742 年的 4 月底，我以回家探亲的理由告别了凯姆，搭乘了一只开往波士顿的小船。州长给了我一封信，信中向我的父亲说了很多恭维的话，并详细描述了我在费城开展事业的计划，他认为这项事业一定会让我发迹。当我们这艘船驶进海湾时碰到了沙洲，船裂了个缝隙，这个时候海上也不平静了，波涛汹涌，我们必须不停地抽水，我也加入其中轮班抽水。大约过了两个星期，我们安全抵达了波士顿。距离我上次出走已经 7 个月了，我的亲友们没有关于我的任何消息，因为我的姐夫还没有回到波士顿，也没有写信回来。我如此意外地出现在大家面前，让大家感到惊讶，但大家见了我都很开心。除了我哥哥以外，大家都盛情招待了我。我到哥哥的印刷铺去看他，这个时候我的衣着考究，我换了一身全新的西服，胸前还挂了一只表，兜里大概有差不多五英镑的银币。哥哥见了我表情勉强，随即又去工作了。

印刷铺里的员工都想知道我去了哪里，那个地方如何，我喜不喜欢待在那里。我便对我所在的地方加以描述，将我愉快的生活诉之于众，并大加赞赏，甚至强调我还会再回去那里。他们中有一个人突然问我那里到底使用什么样的钱币，我就随手将口袋里的银币掏了出来让他们看。他们从来没有见过这种银币，因为波士顿使用的都是纸币。接着，我又拿出了自己的表让他们看，最后我送给他们一块银币让他们去买酒喝，之后我便离开了。哥哥仍旧显得很不高兴，我这次的探访使他很不愉快，因为当我的母亲试图劝我们和解，以便让我们和睦相处的时候，他说我曾在他的员工面前以一种他永远不会原谅的方式侮辱了他。但是，在这点上，他明显是误会我了。

对于州长的推荐信我的父亲颇感惊奇，但是好几天他都闭口不提此事。当我的姐夫回来后，父亲将信件拿给他看，问他是否认识这个州长，此人到底如何。他又提出自己的意见，说此人考虑问题并不全面，竟然叫一个还未成年的孩子去开业。姐夫很努力地解释，并对这个计划表示赞同，但我的父亲并不认可，最后还直截了当地予以否定。他给州长写了一封回信，言辞委婉，感谢了他对我的认可和栽培，但表示他还不能资助我，因为他觉得我离成年还有三岁，他不放心我去开展这样一份需要巨资开办的事业。

我的伙伴柯林斯此时在一家邮局工作，他听了我对我所在新地方的描述后，十分欢喜，打算辞职然后跟我一同前往。我当时还在等我的父亲做最后的决定，他便先行从陆路出发到罗特岛去了。他收集了很多有关数学和自然哲学的书，他把书留了下来，等我去的时候带着我的书一起送到纽约，他会在纽约与我会合。

　　尽管我感觉父亲对于州长的计划不太赞同，但他还是感到欣慰，因为在这么短的时间里我得到了如此有名望的人的推荐信，并且我靠自己的勤俭和努力将自己打扮得很体面。此外，我与哥哥之间在短时期内也没有和解的可能，他便答应我再次回到费城去。他告诉我对当地的人要彬彬有礼，充满耐心，那么到我二十一岁时将有可能有一定的积蓄开业。如果到了那个时候，我的积蓄已经接近了所需的费用，那他会替我凑足那些不够的部分。除了在我上船前他给我的一些表示纪念的小礼物之外，这就是我可以得到的一切了。但是不同于上次的是，这次我是满载他们的祝福离开的。

2. 行船途中巧避风险

　　当行船在罗特岛的新港靠岸时，我前去探望了我的哥哥约翰。他结婚了，在此地已定居好几年。他热情款款地招待了我，像以前一样疼爱我。他说他有一个名叫佛南的朋友，有人在宾夕法尼亚欠了他一笔钱，大概 35 镑，他要我帮他代收这笔钱，然后替他保管，直到我接到通知让我把钱汇给他为止。他还给了我汇票。但后来，这件事带给我很多不安。

　　在新港靠岸后，船上又上来了好几个去纽约的旅客，其中有两位年轻的女性，一位神情严肃、看着像管家一样的教友会妇人，以及她的仆人。我对她恭敬有礼，帮她做了不少事情，这大概让她对我心存好感。当她看到我和两位年轻的女性关系热络起来时，便找机会将我拉到一边说："年轻人，我真替你担心，我看你是一个人，好像也不太懂得这复杂的社会和年轻人容易上的当。听我说，那两个女人心术不正，我可以从她们的行为中看出来。如果你不谨慎一点，她们会让你陷入圈套。你跟她们并不熟悉，为了你的未来和幸福，我劝你不要再和她们来往。"可能我一开始并未对她们表示反感，她便提到了一些她观察的和听到的，但我却忽视了的事情。她让我相信她是正确的。我对她善意的忠告表示了感谢，并答应她会听她的建议。当我们的船抵达纽约时，那两个女人告诉了我她们住的地方，并邀请我去探访。但我没有去，幸好没有去，因为第二天船主的银币和其他物品被盗了，这些东西都是从他的舱房被直接盗走的。船主知道这两个女子是妓女，他就领了一张搜查证带人搜查了她们的住处，不出所料，人赃俱在。两个小偷也因此受到了惩罚。当时在行船途中，我们的船擦过一块沉在海底的石头时，我们幸好躲过了，这值得庆幸，但避开这两个女人对我的意义更为重大。

3. 与柯林斯同行

到纽约后，我找到了我的朋友柯林斯，他比我早到。我们从很小的时候就待在一起，一起读了很多书，但他的条件比我优越，他读书和钻研的时间都很充裕，在数学方面天赋极高，因为他的数学总是领先于我。在波士顿的时候，我大多数空闲的时间都是和他一起度过的。当时的他是一个滴酒不沾的勤奋的年轻人，学识和见地受到了当地牧师和一些绅士的认可。他看起来像极了一个将要在社会上大展拳脚的有为青年。不幸的是，在我离开波士顿的一段时间里，他染上了酒瘾，喝当地的白兰地酒，嗜酒如命。从他自己，包括旁人的口中，我得知他到纽约后几乎天天喝得醉醺醺，举止也很粗鲁。不仅如此，他还开始赌博，并且输了钱。这样一来，我就不得不替他交房租，并且还得负担去费城的车费和生活费，这些负担都给我后来添了很大的麻烦。

当时纽约的州长是保奈特（保奈特主教的儿子）。当他听说有个年轻人带了一堆书籍后，要求船长带我去会见他，然后我就去拜访了他。当时柯林斯喝得酩酊大醉，所以没办法跟我一同前往。那位州长接待了我，态度殷勤。他带我参观了他的藏书室，规模非常大，我们一起谈了很多书籍和作家方面的话题。很幸运，这是第二次获得州长的赏识。这种待遇对我这样一个穷小伙来说是巨大的荣幸。

我和柯林斯出发要去费城了，在路上我收到了佛南的钱。如果没有这笔钱，我们根本就到不了费城。柯林斯想做会计，他还带着一些推荐信，但是，他一直都没获得一份他想要的工作，或许人家从他的呼吸或者举止就看出了他的一些不好的习惯。于是，他只得跟我待在一起，食宿的费用全部由我来承担。当时，他知道我身上有来自佛南的这笔钱，就经常向我借钱，嘴上说着等一找到合适的工作就立马还我这样的话。直到后来，他用了很多钱，这导致我一想到如果要给佛南汇钱的话我会无计可施，这让我陷入了焦虑和不安中。

柯林斯还是像往常一样，不改酗酒的恶习。我们甚至为这件事情争吵过，当他稍有醉意的时候，脾气非常暴躁。一次，我们和几个年轻人一起泛舟道拉瓦。在回程途中，轮到他划船的时候，他怎么也不肯动。他说："我就想让你们把我划船送到家里去。"我态度坚决地告诉他："这不可能！我们绝不替你做这样的事。"他又说："你们必须得划，不然的话，就等着在水上过夜吧。你们自己看着办。"一起的人劝我说："算了，让我们来划吧，这没什么大不了的。"但是，当时我特别生气，因为想到了他在其他方面的处事方式，气不打一处来。他甚至在那嚷嚷，说如果我不划船的话，他就把我丢进河里。说着，他从甲板上站起来朝我走来。快到我跟前时，他跑了起来，我抓住了他的腿，从甲板上站起来，把他丢进了水里。我知道他水性很好，所以不担心他。所以在他转过身来可以抓住船舷之前，我们把船划向了远处。他一次次地靠近我们的船，我们一次次地问他是否愿意划船，他都不作声，然后我们会快速地划到他够不着的地方。他非常生气，但还是固执地不愿意划船。后来，我们看到他实在有些累了，就把他拉了上来，当时已近黄昏，我们把全身湿漉漉的他送回了住所。自此以后，我们经常吵架。后来，一个西印度的船主受人之托要给巴巴多群岛一位富人的儿子找家庭教师，与柯林斯偶遇，并同意送他去那里。就这样，他离开了我，走的时候约好等领到钱就汇给我以便还清债务，但此后我再也没了他的消息。

4. 州长是个"大好人"

动用佛南的这笔汇款是我年轻时所犯的重大错误之一。这件事同时也证明了我父亲当时判断的正确性，他认为我还未成年，无法担当经营店铺的重任。但是当时州长先生读了我父亲的回信后，觉得我父亲太过谦谨了。他表示不能把所有的人一概而论，年龄大的不一定都能想周全，年龄小的也不一定都草率。他说，既然你的父亲还不肯帮你开业，那就让我来帮你吧。你现在就去准备一张清单，把需要从英国订购的东西全部列上，我帮你去买下来，等以后你有能力偿还的时候再还我。他说，我觉得这里需要一家不错的印刷铺，相信我，你一定会成功的。他态度诚恳，表情严肃，我也对此深信不疑。在开业以前，我会将这个计划当作秘密继续保守。因为一旦别人知道我是将希望全押在了州长身上，那么一些了解他性格的人必定会来劝我，劝我不要去相信他。因为后来我才得知，他就是喜欢滥许愿望但又不会真正去实现，这一点几乎尽人皆知。但是因为我根本没有请他帮我，我怎会想到他善意而慷慨的支持其实是伪善呢？我还一直当他是我碰到的大好人。

我将所需的设备都列在了纸上，整成清单交到了州长手中。据我估算，这些设备大概需要一百英镑。州长很高兴，他还问我如果我能亲自到英国去采购铅字和各种设备会不会更加有利。他说这样一来我可以认识一些人，还能与书籍贩卖者和卖文具的人有来往。我也对他的建议表示赞成。他随后表示自己将乘坐"安妮丝号"前往英国。"安妮丝号"是当时唯一一艘来往于伦敦和费城之间的船只。但是离它开船还有几个月的时间。我继续和凯姆一起工作。此外，还在为柯林斯从我这里借走的钱而感到不安，每天都在担心佛南要我汇款，但后来证明我的担心是多余的，过了几年这件事也没有发生。

我好像忘了说一件事。这件事发生在我第一次从波士顿到费城来的途中，当时因为风浪太大的缘故，船停靠在了勃劳克岛。船上的客人开始捕捉鳕鱼，并且捕到了很多条。一直以来，我都坚守着吃素的原则，这个情况下，我依旧坚持认为每捕捉一条鱼就等于一种谋杀，因为鱼不会伤害我们，我们没有什么非杀不可的理由去谋害它们。这一切在我看来是合乎情理的。很久以前，我超爱吃鱼，因此当热气腾腾的鱼从炸锅里被捞起时，它的香味扑鼻，令人垂涎三尺。我徘徊在原则和食欲之间，纠结不已，突然我想起曾看到鱼被剖开肚子时里边有之前吃的小鱼，然后我就想既然鱼自己也会相互吞食，那我吃鱼肉这件事情有何不可呢？就这样，我很开心地吃了一顿鳕鱼，之后还是和别人一样继续吃鱼，有时候会吃素。由此看来，做一个有理性的人还是很重要的，因为理性能让人找到或者创造一些理由去做一些自己想做的事情。

五　费城的友谊和爱情

1.　我与凯姆相处融洽

　　我和凯姆之间的关系甚是融洽，很多观点也基本一致，他对我想要开印刷铺的事情还一点儿也不知情。在很大程度上，他还是跟以往一样，保持着他一贯的骄傲，还酷爱与人辩论。所以，我们之间有过多次的争辩。我时常采用苏格拉底的对话方式与他辩论，用一些遥远的话题去提问，这让他常常陷入窘迫，在各种各样的矛盾和难题中纠结。我的这种方式常常让他自入圈套，慢慢到后来，他的言辞之间甚至带着令人惊讶的严谨，很多最普通的问题他也不愿回复，总会先打听我的想法。因此，我对他的评价也越来越高。作为他的同事，他甚至想让我认真地创立一个新的教派。他想去讲道，要我去反驳反对的人。当他向我介绍他的教条时，我发现有很多是有悖于我的原则的，我觉得若不让我讲一些对宗教的看法，我是不会参与其中的。

　　因为摩西法中有这样一条规定：不要损坏你胡须的边缘。所以，凯姆蓄着长胡须。此外，他将礼拜六当作安息日，这是他生活中必不可少的。而这些我一点也不喜欢，但如果他能接受吃素这条原则的话，我也会同意将他所遵守的两条置于教条中。他说，只吃素食会不会对身体有害。我便举例向他讲述吃素的益处，并告诉他吃素会让他的身体更加健康。他平日里就很能吃，于是我暗自思量：他将来忍着饥饿的样子肯定很有趣。他表示如果我愿意陪他一起的话，他会按照我的建议执行。于是我们一起执行了三个月。我们的食物是一位邻家的妇人烹调的，她做好后会给我们送过来。她从我这里拿走了一张列着四十多道菜的菜谱，可以给我们按照单子去做菜，这些菜里没有鸡鸭鱼肉。这种做法更合乎我的设想，因为它非常省钱，每人每周的餐食费都不会超过十八便士。从那个时候开始，我曾有几次严格遵守四旬斋的经历。从平时常吃的食物到素食的更换，以及从素食到平常食物的调整，我都能够适应，所以当有人建议这中间的过渡要慢慢推行时，我觉得没有什么道理可言。我开心地吃着素食，但凯姆却觉得苦不堪言。他开始厌倦了我的计划，他的食欲像一匹无所不在的狼，向往着美味佳肴。有次点了一份烤猪肉，并邀请我和两个女性友人一起进餐，但因为我们到的时间比上烤猪肉的时间要晚一点，所以等我们到达时，凯姆没能抵挡住美味的诱惑，已经吃完了整份烤猪肉。

2. 18 岁的爱情

在这段时间里我和李德小姐恋爱了。我尊重她，并且倾慕她。我相信她跟我的心情是一样的。但是，我很快就要去海外了，还会在海外度过相当长的一段时间。我们都还年轻，刚到 18

岁。她的母亲认为我们不宜太早考虑婚姻。若是真要结婚的话，时间也得定在我从海外回来才行。因为到了那时，我的印刷铺将会开业。或许她觉得我的期望并不像我自己预想的那么有可行性吧。

这段时间里，我主要的朋友是查理·奥斯朋、约瑟·华生和詹姆士·雷夫，他们都喜欢学习，前两个是镇上很有名的公证人查理·勃罗克田的书记，另一个在一家商店做职员。华生是一个豁达开明的年轻人，为人正直诚实。其他二人对宗教表现出了一种淡漠，尤其是雷夫。由于我的影响，雷夫像柯林斯一样，对宗教的信仰有了动摇之心，这让我感觉有点自食恶果的悲哀。奥斯朋为人正直坦率，通情达理，对待朋友真挚热情。但在写作方面，他总是喜欢批评别人。雷夫天资聪颖，才华横溢，很有风度，还善于雄辩，我从未见过像他一样善于辞令的人。这两个人都是诗歌爱好者，写过几首小诗。礼拜天的时候，我们几个常常聚在一起，去斯古基河附近的森林中去散步。散步的时候，我们会轮流朗诵自己喜欢的作品给大家听，然后大家会就作品的内容展开讨论。

3. 以诗会友

雷夫对诗歌深有研究，坚信他会因此而出人头地，他说即便是最优秀的诗人，最开始写诗时，也必定会写出一些有诸多瑕疵的作品。奥斯朋总在试图劝说雷夫，想让他相信自己本没有成为诗人的潜质，好让他专心做自己的本职工作，不要有太多妄想。他说雷夫在经商上也有欠缺，但是凭借他的努力和奋斗，做一个代理商还是不成问题的。过一些时间如果再积累到一些资金，便可以独自经营。我很赞同将写诗作为业余爱好，还可以对自己的语言风格加以改进，除此之外，再无其他想法。

谈到写诗这一话题，有人便提议，为了互相学习和促进，我们每个人都要在下次聚会时拿出一首自己写的诗。因为目前我们的交流仅限于语言和表述方式上的切磋，所以我们比较务实，大家一致同意回去改写《诗篇》中的第18篇，这一篇主要对上帝降临的场景做了描述。聚会的时间快到的时候，雷夫先来找我了，他告诉我他已经写好了诗。我跟他说因为工作一直比较忙，也没有很大的兴致，所以还未动笔。接着他给我看他写的诗，让我给他一些建议。我表示赞赏，因为在我看来，它是一首优秀的诗作。雷夫说："奥斯朋肯定不会觉得我的诗有半点可取之处，大概是出于嫉妒，他总是想方设法地批评我的作品。我看得出来，他对你倒很友好，所以我希望你将这首诗作当作自己写的让大家看，我到时候可以假装没有写任何东西。这样一来，我想看看他还有什么可说的。"我同意了他的想法，立即手抄了一遍，以便让它看起来是出自我手。

聚会的时间如约而至。华生将自己的诗读了出来，佳句和缺点并存。奥斯朋读了自己写的，感觉比华生的要好很多。雷夫站在中间人的位置，在称赞其佳句的同时指出了其中的不足。我有点犹豫，一直不想很利索地交出那首诗，我告诉他们还没有改好。但他们坚持让我读出来，我没有办法就读了一遍，后来又重复了一遍。这时，华生和奥斯朋自动认输，退出了比赛，并说了一些赞赏之词。雷夫提出了一些批判和改正的建议，但我依旧坚持原作。奥斯朋开始批判雷夫，说他的修改意见并不高明，好像还不如原诗，雷夫就此放弃了争辩。他们一起回去后，奥克斯对他以为是出自我手的作品大加赞赏，他说在聚会的时候他有些压抑自己内心的欣赏，担心说出来后会让我觉得是在奉承。他说："以前谁能料想到啊，富兰克林竟然能写出这样的诗作，饱含热情，用词准确。他甚至像是将《诗篇》改得更加完善了一般。这可不像他平日的作风，平时他连讲话都是会出错的。但是这首诗写得真是好啊！"在我们下一次的聚会中，雷夫将这个秘密公之于众，大家都开怀大笑。

此事之后，雷夫立志当一位诗人的愿望愈加强烈了。我也尽自己的努力去劝阻过他，但他丝毫不听，继续写着。后来，他成了一位出色的散文家，后文中我还会再次提到他。而其他的两个，下文或许没有机会再提到了，我在这里预先交代一下：几年之后，华生死在了我的怀里，这让我悲痛欲绝，他是我们当中最为优秀的一个。奥斯朋去了西印度群岛，成为一名优秀的律师，赚到了很多钱，但不幸也是英年早逝了。曾经，我和他有过一个约定：若是有人先死去了，可以的话，就应当去探访活着的那个人，告知他死后的境况。可是，很明显他并未遵守约定。

4. 远行途中巧遇知音

州长先生看起来非常愿意同我交往，经常邀请我去他家。谈到他帮我开业这件事上，总会当作已经决定的事项提出来。除了银行的汇信，让我获得购买铅字和印刷设备的钱款外，他说还会给我一些朋友的介绍信。他好多次都定好了写这些信件的时间并让我去取，但我取的时候总是两手空空而归，然后会拖到一个更远的时间。就这样一直拖延着，直到船快要启航时。我前去拜访州长，想取了信件再辞行。他的秘书拜耳博士接见了我，说州长正在忙着写信，在开船之前他会到纽开色，到时候他会把信件一起交给我。

雷夫已经结婚了，孩子也已经出生了，但他依旧决定陪我一起去海外。也有可能是他想趁此时机去建立一些海外的商业联系，找到可以代理的货品，从中抽取佣金。但后来我才知道，因为他对自己妻子的亲戚不满，所以想借此机会把妻子托付给他们，自己再也不回来了。我告别了我的朋友们，和李德小姐许下诺言后，便离开了费城。不久，船抵达了纽开色。州长果真已经到了那里。等我去他的住所探访他时，还是他的秘书出来见了我并传达了他的口信，用词谦恭，说他因为有异常重要的公务要做，所以不能见我了，但是请我放心，他会把信送到我的船上，并祝愿我一路顺风，早日归来等。我回到船上的时候，心里有些疑惑，但还是选择相信他。

这艘船上还有费城一位著名的律师安得烈·汉密顿先生，他带着自己的儿子。船上的头等舱被他跟一个教友会的商人田纳先生，以及马里兰一家铁工厂的两个老板安宁先生和赖叟先生全包了，所以我和雷夫就只能坐三等舱了。船上我们没有熟人，所以在他们眼中我们也是普通人。在纽开色，汉密顿先生和他的儿子（詹姆士，后任州长）回到费城了。有人花重金请汉密顿先生去替一只被没收的船助人辩护。在我们的船正要启程时，富兰契上校上来了，他对我表现得颇为尊重。因此，其他人也开始对我侧目而视，正好这时有空的位置腾出来，他们便邀请我和雷夫去头等舱。所以，我们搬到了头等舱中。

因为我猜想富兰契上校可能已经把州长的公文带到了船上，我便去找船长要那些委托我保管的介绍信，他告诉我说所有的信件都在一个袋子里，现在他没法帮我们全部拿出来，但他会找机会在我们到达英国前把它们挑出来。听了这些，我便觉得安心了。我们的船继续航行。船上的旅客相处得很好，饮食也很丰盛。因为除了正常的饮食外，我们还额外享有汉密顿先生的那一份，汉密顿先生之前准备了很丰富的食物。就在此次旅途中，我和田纳先生相识相知，我们的友谊一直持续到他死去的那一天。但是，因为天气的缘故，这次旅途也有很多不舒适的地方。

我们的船驶入英格兰海峡之后，船长践行了当时对我的承诺，他找机会让我去找那些州长写的推荐信。但我找不到一封是托我保管的。我从中挑出了六七封，按照笔迹，我觉得应该是那些信件，尤其是其中有一封是写给皇家印刷所巴斯吉的，还有一封是给一个文具店的老板的。1724年12月24日，我们到达了伦敦。我去拜访了那个文具店的老板，他离我住的地方比较近，我送了那封信，说是基夫州长让我转交的，但他说他不认识州长。他拆开信后说："哦，这是李得斯田写的信。最近我发现他是个彻头彻尾的骗子，我要与他断绝一切来往，我不会收他的信。"说完，他把信退回到我的手中，转身离开，去招呼他的客人了。我惊讶地发现这些信都不是州长写的，经过前后的比较，我开始怀疑州长。我找到了我的朋友田纳先生，并对他讲了这件事情的前后经过。他告诉我说，基夫州长就是那样的人，我不可能接到他写的任何信件，知道他的人都不会相信他。当他听说州长会给我银行汇信时，他便笑了，他说他根本就没钱可汇。听完这番话，我开始担心我的前程，田纳先生建议我在本地找一家印刷铺工作。他说，在这里我可以提升自己的技术水平，以后再回到美洲时，我自己开印刷铺的条件也就更加成熟了。

像那个文具店的老板一样，我和雷夫两人正好知道这个李得斯田律师是个十足的无耻之徒。他曾经教唆李德小姐的父亲与他订立师徒合约，最后几乎让李德先生破产。从这封信来看，好像是有人正在密谋一个对汉密顿先生不利的计划，他们以为汉密顿先生会和我们一起来伦敦，这一阴谋正好牵扯到基夫州长和李得斯田。田纳先生是汉密顿的朋友，他认为我们应当告知汉密顿先生这封信的内容。就这样，在汉密顿先生到达英国后不久，为了发泄我对基夫和李得斯田的愤恨，表达对汉密顿先生的好感，我去拜访了他，并将这封信交给了他。他对我表达了诚挚的谢意，因为这一消息对他而言至关重要。自此之后，他成了我的朋友，和他之间的友谊对我后来的发展都很有益。

但是，身为州长，竟然用这样卑鄙的手法去欺骗一个不谙世事的孩子，实在令人费解。后来得知，原来这是他的惯用手法，他想去讨好别人，可又没有什么东西给人家，所以只好给人希望了。除此之外，这个人倒是足够豁达、聪明，文笔也不错，在百姓眼里还算是个好州长，然而在他的支持者——资产阶级眼里却并非如此。在他的任期内，还通过了一些深得民心的法规。

六　踏入伦敦

1. 巴士罗米巷的印刷铺

　　我和雷夫是亲密无间的伙伴。我们一起住在每周租金三先令六便士的小不列颠，当然，这是当时我们能负担的最大限度了。雷夫联系到了一些亲戚，但是他们的生活也很艰难，没办法为他提供帮助。这时他才告诉我，他想留在伦敦，而且再不会回去费城。他没有多余的钱，能筹集到的钱全部用来买船票了。我身上带着十五块西班牙币。因此，他在找工作的时候会向我借一些用以维持正常的生活。最开始，他想进剧院，他自信自己天生就是做演员的料。他向威尔克申请想在剧院工作，但威尔克直截了当地劝他打消这个念头，因为他在这些方面不可能有出路。紧接着，他找到了圣父街的出版商罗伯茨，并提议编一份类似《旁观者报》的周报，但罗伯茨并不同意这个建议，因此也不了了之。后来，他一直在设法寻找可以做作家助理的工作，或是为出版商和法学院的律师们做抄写助手的工作，但是一直无果。

　　我很快便在帕麦的印刷铺找到了工作。这所印刷铺在当地非常有名，开设在巴士罗米巷。在这里，我工作了一年的时间。我对待工作勤勤恳恳，但我也将自己工作的一大部分花在了和雷夫一起去剧场或其他娱乐场所上。我们两个人很快就花完了我身上仅有的十五块西班牙币，剩下的时间只能勉强度日。雷夫好像将自己的妻子和儿子统统抛到了脑后。和李德小姐的誓言也渐渐被我忘却了。我记得只给她写过一封信，信中我告诉她我一时半会儿回不去了，这是我人生中的另一大错误。如果时光可以倒流，我愿意改正这一错误。当然还有一个原因，由于开支问题，我一直都没有足够的钱去供应我的旅费。

　　在帕麦的印刷铺里，我被指派为胡拉斯顿的《自然的宗教》的第二版排字。但他的有些理论在我看来没有必要的根据，因此我写了一篇简短的哲学论文指出了这些漏洞。这篇短文叫《论自由和必然，快乐与痛苦》。我将这篇短文拿给我的朋友雷夫看，我还印刷了一点。帕麦得知后对我表现出了重视，他觉得我是一个有前途的聪明青年人。帕麦对于这本小册子中包含的一些理论也十分讨厌，他曾严肃地跟我提过这件事。印刷这本小册子又是我人生的一大失误。当我在小不列颠暂住的时候，认识了一个叫威尔考克的人，他是个书商，店铺就在我住处的旁边，他有很多旧书。在当时还没有流通图书馆的情况下，我跟他达成了协议，我可以支付给他一笔费用，数目到底是多少我给忘了，但是我可以借阅他的任何书。我将这个条件当成一种幸运，所以我总是尽最大限度去利用这一资源。

　　不知道什么时候，我印刷的小册子被一个叫赖英斯的外科医生看到了，他是《人类判断的不谬性》这本书的作者，我们就此相识。他很看重我，经常来看我，和我一起讨论此类话题，还带我去契泼赛的一家叫荷恩斯的淡啤酒店，将我介绍给了曼德维博士，他是《蜜蜂的童话》的作者，他在那家啤酒店成立了一个俱乐部，他幽默大气，于是成了这个俱乐部的灵魂人物。赖英斯还将我介绍给了巴脱生咖啡馆的宾柏顿博士。这位博士答应迟早将我介绍给爱瑟·牛顿爵士，我倒是很喜欢这样的机会，但是这件事一直没有实现。

我从美洲带来了几件珍藏品。其中有一个是用石棉制作的荷包，这个荷包有一个特点就是要用火来洗涤。不知道汉斯·司隆爵士从哪里打听到了这些，他来看我，并邀请我带着我的珍藏品去他在泼鲁姆斯保利广场的住所，在那里我让他看了我的藏品，他想让我将荷包卖给他收藏，因此很大方地给了我一笔丰厚的酬谢金。

在我们寄宿的地方，有一个带着孩子的年轻女子也住在那里，她做女帽生意，在修道院街应该有家店铺。看她的言行举止，像是一个接受过贵族教育的人，简称 T 夫人。后来，雷夫常给她读一些剧本，他们之间的关系逐渐亲密起来。等到她搬去另外一个宿舍的时候，雷夫也跟她同去了。他们在一起住了一段时间，但是雷夫依旧是失业的状态，而她一个人的收入显然不足以维持他俩和她孩子的生活。所以，雷夫决定去做家庭教师，但也因此得离开伦敦。他自信完全可以胜任家庭教师的工作，因为他字写得还不错，也擅长算术和记账。但他有时候会觉得这个职业是有点与自己的身份不相符合，他觉得自己总有一天会飞黄腾达，到了那个时候他不愿别人知道他以前从事过那种卑微的职业，因此改了姓氏。为了对我表示尊敬，他用了我的姓。不久后，我接到他的来信，信中说他住在一个小村庄，在那里教十一二个孩子算术，每周有六便士的酬劳，他请我照顾 T 夫人，还希望能收到我的回信，我看到信上写着收件人是当地的富兰克林老师。

他还是不断地给我写信，并且寄来了当时写的一首史诗般的长诗让我提提意见。这些我都照做了，但我劝他停止继续写诗。那时候正好有一篇《讽刺诗》流传甚广，我便抄写了一些，寄给了他。这首诗对一些盲目追逐缪斯女神的毫无前途的人给予了讽刺，但我做的这些好像都没有什么效果。他的诗稿还是会源源不断地给我寄来。与此同时，由于雷夫的关系，T夫人失去了朋友和生意，因此变得度日艰难，常常向我借钱。慢慢地，我开始和她亲近起来，这个时候的我，因为缺乏宗教的束缚，加上她对我的信任，我竟然想要试图和她发生关系。这是我犯下的又一个错误。当时，她极度愤怒，并且拒绝了我，还将我的行为告诉了雷夫。我们因此而绝交。当雷夫回到伦敦时，他表示我的作为已经和我过去对他的恩惠一笔勾销了。这样一来，我知道他欠我的那些款项我将永远没有办法再收回了。但这些在当时看来也并不重要，因为他也没有能力偿还，和他断了联系之后，我倒觉得像是抛下了一个重大的负担。这时，我开始想着攒一些钱。为了能够获得更高的报酬，我离开了帕麦的印刷铺，去了一家更大规模的印刷铺，它位于林肯协会广场。直到离开伦敦为止，我一直在这里工作。

我一进入这家印刷铺，便开始在印刷机前工作，因为我觉得现在我的体力远远不及在美洲时，现在的我缺乏锻炼。在美洲，印刷跟排字是分不开的。我是个只喝水不喝酒的人，其他工人中，约有五十名跟我恰巧相反。遇到比较着急的情况时，我能够两只手各拎着一版铅字上下楼梯，其他工人需要两只手托一版铅字。从这些事例中，他们看到了我这个人，他们称呼我为"喝水的美洲人"，我这样的体格竟然比他们更为强壮，这让他们颇为惊讶。在我们的印刷铺里，经常会有啤酒厂来送酒的小学徒。跟我在一架印刷机前工作的朋友每天吃早饭前都会喝一品脱啤酒，吃早餐时再就着面包喝一品脱，吃午饭前再喝一品脱，午饭时喝一品脱，下午六点左右喝一品脱，工作结束后又要喝一品脱。我觉得这是一种不好的习惯，但他觉得喝酒能让他更有力气。我想办法让他相信喝啤酒产生的体力与酿造啤酒溶解在水中的谷类成正比，一便士的面包所含的淀粉都比啤酒的要多。因此，若是他吃一便士的面包，喝一品脱的水，所产生的能量都比喝啤酒的要多。但他还是不相信，依旧喝啤酒，每周六他还会从自己的工资中预先开出四五先令。我没有这种多余的开支，这样一来，这个可怜的人永远只会成为啤酒的奴隶。

过了几个星期，瓦茨安排我到排字室去工作，所以我离开了印刷工人。但排字工人却让我重新交一笔费用，算是陋规或是五先令的酒费。我觉得特别不合理，因为这笔费用我在印刷室时就已经交过了。瓦茨也是和我一样的想法，他支持我不再付这笔费用。我一直坚持了两三个星期，他们认为我是一个脱离会籍的人，常常私底下对我做一些小动作，如果我暂时离开一小会，回来时我的铅字会是乱的，甚至页次也会被颠倒，排版也被打乱等。但他们会把这一切说成是印刷铺的鬼魂所为。他们说印刷铺的鬼魂总是对那些不付会费的人不待见。尽管有老板支持我，但这样的破坏次数明显越来越多了，我不得不同意支付这笔费用。因为我知道，跟那些与你朝夕相处的人发生矛盾是极为愚蠢的行为。

后来我跟他们的关系都很不错，因为没过多久我便在他们当中获取了一定的地位。我建议那些信奉宗教的工人将印刷铺改为

"教堂"。对法规做了一些简单的合理的改动，我驳倒了所有反对者，通过了修改意见。由于我的表率，他们中有一部分人停止了将啤酒跟早餐混在一起吃的习惯，因为他们发现，跟我在一起只要花费一品脱啤酒的钱，便可以在附近的一家饭馆买到热气腾腾的粥，撒上胡椒粉，配上面包屑和牛油，不仅便宜还很美味，而且这还可以免去每天喝酒带来的昏沉感。那些继续喝啤酒的人，由于欠债太多，无法偿还，因此啤酒店也不出售给他们了。他们只好向我借钱去买啤酒。他们说，不喝酒他们就会陷入黑暗。周六晚上，我会等着发工资，然后收回他们借我的钱。有时候，一个星期我得替他们垫付三十先令的钱款。与此同时，我成了工人中的幽默大师。这两件事让我树立了威信。我很少缺勤，老板很赞赏我。由于我排字速度很快，我总被指定去做应急件，这种工作工资比较高。这样一来，我的生活日益舒适起来。

2. 新寓所和独居老人

在小不列颠的宿舍离现在的印刷铺太远了，所以我又在公爵街的天主教堂对面找了一个新住所。那是在一家意大利仓库的三层楼的后楼。那里住了一个寡妇，负责主持家务。她有一个女儿、一个女佣人和一个看守仓库的工人。但她并不在这里住。她派人到我之前住的地方打听了一下，然后同意按照我之前所付的租金让我居住，每周是三先令六便士。按她所说，这个租金已经足够低了。因为她觉得若有一个男子居住，她会觉得受到一些保护。她的年龄稍大，是一位牧师的女儿，小的时候受新教徒的教育，后来由于她的丈夫信天主教，她便改信了天主教，提起她的丈夫，她满怀敬意。过去，她总是与社会上层人士交往，因此知道了很多名人逸事，甚至还有些是查理二世时期的。她的膝盖患了痛风病，因此而残废，很少离开自己的卧室，因而感到孤寂。在我看来，她谈吐幽默，所以在她感到孤独时，我总会去陪伴她。我们的晚饭一般是：每个人半条鱼、一小块面包和牛油，半品脱的啤酒，我很喜欢听她讲话。我经常按时睡觉，安分守己，她也对我很有好感，不愿我离开她的宿舍。我打听到在我的印刷铺附近有一家住所，每周的租金只需两先令，我当时一心想着攒点钱，所以觉得这对我来说可以省不少呢。当我跟她提及此事时，她劝我先不要考虑那个地方，她愿意以后减去两先令的租金，就这样，在伦敦的日子里，我以每周一先令六便士的租金一直在她那里居住着。

在她家的楼上住着一位隐居的老人，她是一位七十岁的老处女。我的房东曾告诉过我关于她的故事：她信仰天主教，年轻时被送到了外国的修女院，她一心想做修女，但是因为不适应环境，只得回到英国。但在英国却没有修女院，因此她暗自发誓自己的生活依旧要过得像修女一样。因此，她把所有的财产都捐给了慈善机构，只给自己留了每年十二镑的生活费，但在这笔费用中，她还是会拿出一大笔去救济穷人。她一般只喝稀粥，只有煮饭的时候才会生火。她住在楼上已经很多年了，在她楼下居住的天主教徒都会让她免费居住，因为他们觉得有她住在那里会得到祝福。有一个神父每天都会去听她忏悔。房东觉得像她那样生活是不需要忏悔的，但是神父告诉她每个人都会有一些无用的思想。有一次，她同意我去探访她。她是个快乐的人，谈吐优雅，跟她说话更觉心情舒畅。她的房间干净而整洁，家具很少，只有一张桌子、一个垫子，桌上放着一个十字架和一本书，一个凳子和一幅图画，图上是圣佛朗尼卡展示她的手巾的场景。图中有脸上流血的基督面孔，她神情严肃地跟我讲述这幅图画。脸色苍白的她却很少生病。她是一个特别例子，让我知道了即使花费很少的东西也可以活得很健康。

3. 印刷铺的际遇

在瓦茨的印刷铺里，我认识了一个叫华盖特的年轻人，他非常聪明，接受过良好的教育，所以比一般的印刷工要显得有素质。他会说法语，还懂一些拉丁文，读书是他最大的兴趣。我曾经教他和他的一个朋友学游泳，用了两次，他们就已经游得非常好了。他把我介绍给了一些从夏尔西坐船去参观学院和沙特罗先生的珍藏的乡村绅士，在我们回来的路上，华盖特提到了我游泳的技术，这让大家都很惊奇，因此我答应大家下海游泳，我脱了衣服，跳进水中，从夏尔西一直游到勃莱克佛里雅，我还表演各种花样，他们从没见过这种场景，感到很惊喜。

从童年开始，我就很喜欢游泳。我曾经还学习和研究过佘夫诺的一些动作和姿势，加上我自己的经验，我一直在想一些既舒适又优美的姿势。正好这次，我借机会表演给了大家。他们的赞赏让我感到满足。华盖特想成为一个游泳高手，再加上我们职业的相近性，我们之间逐渐热络起来。他还提议我们一起去全欧旅行，在一些地方可以兼职做印刷来维持我们的生活。我曾被他说得动心了，但后来我向田纳先生提及此事时，他还是劝我回到费城去。我们经常会聚在一起聊很久。正好这个时候，田纳先生也打算很快就回去了。

田纳先生是个很好的人。他曾经在不列颠做生意，但不幸亏本了，还欠了许多债，无力偿还，只还清了一部分，后来他便去了美洲。在那里，他专注于经商，几年下来也攒下了一笔财产。跟我一趟船到了英国之后，他请了一些旧日的债主吃饭，对他们之前对自己的宽容予以感谢，这些客人以为只是吃饭和感谢，但当他们移动餐盘时，同时发现了一张支票，支票除了之前的欠款，还额外加上了利息的部分。

这个时候，他跟我说自己要回费城去了，因为他在费城开设了一家大型的商铺，他要带大量的物资回去。他跟我商量想雇我当店员，我可以帮他记账，替他抄写一些信件，照看铺子。他说等我将店铺的业务都熟悉了之后，会提拔我，到时候可以让我带一船的面粉和面包去西印度群岛，我可以从其他方面赚取佣金，这会得到一笔酬劳。如果我妥善经营，我就能从中获得丰厚的利润。他的想法正合我的心意，因为此时的我对伦敦已经心生厌倦，我常常回忆往昔在宾夕法尼亚度过的快乐时光，想故地重游，于是我当即应允。我将得到的年薪有五十镑宾夕法尼亚币，虽然比当时做排字工人的工资要少，但是比较有前途。

4. 暂别印刷业

就这样，我离开了印刷业，在此之前我还觉得永远不会离开这个行业呢。我开始从事新的工作，每天跟随田纳先生去商店买各种各样的商品，监督包装，督促工匠尽早完工等，当货品都送上船后，我有了几天的空闲时间。有天闲着没事的时候，我意外地接到了一位大人物的邀请，他是威廉·温特摩爵士，我以前只听说过他的名气，但从未谋面。我去拜访了他，他不知道从哪里听说我曾经在几个小时内教会了华盖特和他的朋友游泳，也听说了我从夏尔西游到勃莱克佛里雅的事情，于是请我去。他跟我说他的两个儿子即将出门远行，但前提是他们先要学会游泳，他说如果我可以同意做他们的老师，他愿意出重金酬谢。但那个时候他的两个儿子还不在伦敦，我也不能确定我还能在伦敦待多久，因此我不能答应。但从这件事我想到了一个点子：如果我留在英国开一个游泳学习班的话，一定能赚很多钱。这件事我印象深刻，如果他能提前几天来找我的话，也许我会留在英国。多年之后，我还跟威廉·温特摩爵士的一个儿子接洽过更重大的事情。那时他已经是爱葛雷孟伯爵，这件事情我还会在合适的时间再次提到的。

就这样，我在伦敦度过了大概一年半的时间。我将很多时间用在了勤奋做好自己的本职工作上，偶尔去剧院、买书。此外，我十分节俭。我的朋友雷夫害苦了我，他大概欠了我二十七镑，但是这笔欠款却收回无望了。算算这笔钱在我那少得可怜的收入中，是多大的一笔数目啊！即便如此，我还是不怪他，即使他让我变得更加贫穷，但我对他一如既往，因为他还是有很多优点的。在伦敦我认识了不少的朋友，跟他们的相处让我获益颇多，而且，我还读到了好多书。

七 在费城开始做生意

1. 一生的计划始于此时

1726 年 7 月 23 日，我们从克莱武生启程。若你想知道航程中的故事，可以去查看我的日记，那里有详细的记载。在日记里，你或许能找到那个可以指导我一生的计划，这个计划是我在船上时制订的。当时我还很年轻，但依旧始终不渝地坚守着这个计划直到晚年。因此，这个计划的分量又显得重要了。

10 月 11 日，我们在费城登陆，城里变化很多，柯登少校接替基夫做了州长。我看到基夫时，他正像一个普通老百姓一样走在街上，遇到我的时候，他面露愧疚的神情，默不作声地从我身边经过了。当时接到我的信件后，李德小姐的亲戚们有一百个理由相信我不会再回去了，他们纷纷劝说李德小姐嫁给一个叫劳吉斯的陶工。于是，在我不在的时候，他们结了婚。如果没有结婚的话，我看到李德小姐和她的亲友们肯定会跟基夫见了我一样。但是，听说她婚后过得并不快乐，她拒绝跟劳吉斯同居，或者随劳吉斯的姓氏，因为有人说劳吉斯还有妻子，品格低劣，不久后，他们便分手了。劳吉斯手艺不错，李德小姐的亲戚们看中的正是这一点。后来，劳吉斯因为无法偿还负债就去了西印度群岛，再后来直接死在了那里。凯姆的店铺越开越大，又增加了一家规模较大的文具店，添置了新的铅字，帮手很多，虽然这些帮手的技术并不高，但生意不错。

田纳先生在水街租到了一个店铺，我们将货品统统摆了出来，我一直努力照顾生意，学记账，很快就熟悉了店里的业务。我们一起吃住，他像父亲一样给我教导，他真心看重我，我对他充满敬意和尊重，原以为，我们可以这么快乐地协作下去。但天有不测风云，1727 年，我刚过 21 岁生日后，我们都生病了。我得了肋膜炎，险些丧命，这让我承受了极大的痛苦，我原以为我活不了了，但当我慢慢恢复健康时我有点小失望，因为以后我还得面对死亡的痛苦。我忘了田纳先生得了什么病，但他病了好久，最后还因此去世。他留了口头遗嘱，为了表示他对我的牵挂，还留了一小笔遗产给我。但我因此而再一次失业了，他的那家店铺被他的遗嘱执行者接管了，我在那里的工作也宣告结束了。

2. 凯姆印刷铺的新雇员们

我的姐夫荷麦斯正好在费城，他劝我重操旧业。凯姆也在用高额的年薪诱惑我去他管理的印刷铺，以便他可以更好地照顾文具店的生意。但在伦敦时，我从他的妻子和朋友那里听到他的名声很不好，因此我也不愿跟他再有瓜葛。我试图找一个商店店员的工作，但是一时半会儿找不到合适的，所以我只能答应凯姆。当时，凯姆的印刷铺里主要有下面这些人：一个威尔斯籍的宾夕法尼亚人休·梅莱笛斯，他三十岁，做农活出身，为人正直，观察力很强，喜欢读书；一个年轻的农民司蒂芬·博茨，他天资聪颖，幽默风趣，但是有时候有点不正经。凯姆和他们签了合约，每周给他们极为低廉的工资，但是也保证，随着他们专业技术的提升可以增加酬劳，每三个月会增加一先令。这愿景让他们颇为开心。于是，梅莱笛斯负责做印刷工，博茨负责装订。按照合约，凯姆会教他们专业技术，虽然凯姆什么都不懂。凯姆还从一个船主那里买来一个叫约翰的爱尔兰人，要雇佣他四年时间，他想让这个粗鲁的爱尔兰人变成一个印刷工。还有一个叫乔治·卫勃的学生，在牛津大学学习。凯姆也将他雇佣来，打算培养他做一个排字工人。还有一个叫大卫·海利的乡下孩子，凯姆也收他做了学徒。

没过多久，我便看出了凯姆花费高额佣金找我来的目的，是为了要我训练这些什么经验都没有的廉价的雇佣工，等到我教会了这些人，他就可以辞退我了。因为他们之间订立的合约时间都比较长。即便如此，我还是满心欢喜地工作着，我替他整顿了印刷铺，将它变得整洁有序，我慢慢开始监督那些雇佣工的工作和需要注意的问题。

一个牛津大学的学生竟然会将自己卖给一个印刷铺老板，这真是一大怪事。这个孩子还未满十八岁，后来他告诉了我他的一段经历。这个孩子出生在葛劳斯特，曾在当地的语法学校上学。在他们学校举办表演比赛时，他曾因出色的表演而在他们学校名声大震。在学校，他参加了一些社团，喜欢写一些短篇幅的诗歌和散文，这些作品还曾在葛劳斯特的报纸上发表过。后来，他直接被送到了牛津大学。在大学里，他读了一年，他并不满意整天待在学校，他想去伦敦旅游，或者去剧院当演员。后来，当他领到三个月的补助金后，便走出了学校，他将大学的礼服藏在了金雀花丛里，徒步到了伦敦。补助金总共有十个金币，他并没有用来还债。在伦敦，他认识了坏人，因为没有长辈的指导，他和这些朋友很快花完了这些金币，但还是找不到可以做演员的机会，没钱了也没有面包，他只好将衣服卖掉。后来，当他饿着肚子在大街上晃悠时，一张人贩子的传单落到了他的手中，上面写着若是答应将自己卖到美洲，就可以马上得到食物和水，还有额外的奖励。他看到后马上在契约上签了自己的名字，跟着他们上了船，然后就来到了美洲。他不敢告诉亲戚自己的现状。他很活泼，性格敦厚，但是比较懒惰，带着年轻人的草率和莽撞。

那个叫约翰的爱尔兰人没过多久就逃跑了。其他的人和我相处融洽，因为他们也发现了，从凯姆那里根本学不到东西，但从我这里还可以学一点技术，所以他们对我尤为敬重。我们星期六是不用工作的，因为那天是凯姆的安息日，这样一来，我就有时间可以读点书了。在这里我又认识了很多富有发明天赋的人才。凯姆待我挺好，平时也显得很尊重我，这个时候我本来心无挂碍，但一想到欠佛南的钱款我还没有能力偿还，就觉得不安，我还是不懂得节俭。但佛南从未跟我提起这笔钱。

3. 我和梅莱笛斯的秘密

我们印刷铺经常会遇到需要整套铅字的情况，但当时在美洲还没有浇铅字的人。在伦敦的时候，我当时在詹姆士的印刷铺见过别人浇铸铅字，但我当时没有太在意，所以没有学到它的方法。但我自己发明了一种铸模子，是用我们当时打印器的字母将铅字制成模子，这样也满足了工作的需要。有时候，我自己也会雕刻几块铜版，甚至制造油墨，我管理仓库，看管一切工作，其实，说实话我差不多就是一个打杂的。

但是不管我做多少工作，在其他工人的业务能力慢慢提高后，我明显发现自己一天天变得不那么重要了。第二季时，当凯姆付了我的工资后，他觉得我的工资太高了，所以要给我降低一些。他慢慢待我也没有之前那么好了，开始摆出老板的架势，常常对我的工作挑三拣四，随时准备着跟我发生冲突。但我还是像之前一样工作着，我对他的无事生非给予了极大程度的忍耐，我觉得他之所以这样对我大概是因为他的经济效益不太好。终于，还是发生了一件事，这件事直接导致我们的关系破裂。有一次，法院附近不知道发生了什么事情，人声嘈杂，为了探明究竟，我将头伸出窗外，这时我看到凯姆在街上，他抬头看到了我，大声朝我吼叫，让我赶紧工作，不要多管闲事，还说了一些苛责的话。这时，很多街上的邻居都看到了这一幕，这让我丢尽了颜面，也激怒了我。他还跑到印刷铺的楼上，继续和我争吵，我们两个人撕破了脸皮，破口大骂，按照合同规定，他应该提前三个月给我解雇通知，他对自己的行为表示懊悔。但我告诉他不需要他表示懊悔，我当即选择离开。我拿了我的帽子走出门，在楼下，我碰到了梅莱笛斯，我嘱托他帮我把留下来的东西收拾一下送到我的住所。

晚上，梅莱笛斯来找我了，我们一起谈论了这件事情。他对我很尊重，所以在我离开印刷铺后，他也不愿再留在那儿了。我想着要不就回家乡去，但他劝我不要回去。他告诉我说凯姆的负债和资产差不多持平了，那些债主已经骚动起来，他把自己的印刷铺搞得一团糟，为了得到现钱他老是接不赚钱的生意，而且还经常有赊账卖货的现象，这些他也没记账，所以说，这个印刷铺很快便会关门大吉，如果它关门了，那我们可以趁此机会开印刷铺。我说我没有足够的钱，然后梅莱笛斯告诉我，他的父亲很信任我，他从和他父亲之间的谈话中听出，如果我愿意和梅莱笛斯合伙做生意的话，他的父亲会投资的。他说："我和凯姆的合同明年春天就解除了，到时候我们可以从伦敦买到我们所需要的印刷机和铅字。我自知我的专业技术不行，但如果你愿意的话，你可以提供你的技术，我负责出资，到时候我们平分利润。"

　　我对这个提议非常满意，所以当即表示同意。他的父亲恰巧也在城里，他对我们的计划也表示支持，尤其是当他看到自己的儿子对我非常信任后。我曾劝他戒过酒，他说或许当我们在一起亲密无间地合作时，在我的监督下他才能完全戒掉这一恶习。我列了一张清单，交给梅莱笛斯的父亲，他把清单交给了一个去订货的商人。我们约定，在机器还没有运来之前要严格保守秘密，如果可能的话，在这期间，我可以在其他的印刷铺暂时找个工作去干。但是我一直找不到这样的工作，所以一直闲着。这时，我收到了一份来自凯姆的信，他在信中对我表示歉意，语气谦恭。他觉得我们是多年的老朋友，不能因为一时的气话就断绝关系。因为他希望做新泽西印纸币的生意，需要做雕版和各种铅字，这些也只有我能做，同时担心勃拉福雇用我把他的生意抢走。梅莱笛斯劝我答应凯姆，因为他觉得在我的指导下，他的专业技术会有所进步。就这样，我又回到了凯姆的印刷铺。我们相处得比之前好多了，凯姆也得到了他想要的那笔生意，我帮他设计了一个铜版印刷机，这在当时的美洲是绝无仅有的。我为纸币设计了一些对号和花纹，还和凯姆一起去了一趟柏林敦，我对自己完成的工作表示满意，凯姆也因此得到了一笔收入，这保证了他的印刷铺还可以开一段时间而不至于关门了。

在柏林敦，我又认识了很多新泽西的政府官员。州议会派了一个委员会，负责监督纸币印刷工作，监视按照法律纸币的印数。我认识的这几个人便是委员会的成员。他们会轮流到我们这里来，负责监督的人又会带上自己的一两个朋友。由于我过去读的书较多，所以整体素质要高于凯姆，或许正是因为这个原因，他们貌似更喜欢跟我交往。他们还会邀请我去他们家，介绍他们的朋友给我认识，对我殷勤招待。虽然凯姆才是印刷铺的老板，但明显他们忽视了他。说实话，凯姆本身就是个奇怪的家伙，他不太懂得交际，还喜欢以无礼的态度驳斥一些公认的事实，他总是邋遢地要命，对宗教教义里的一些内容到了迷信的地步，他有时候还有点无赖。

在那里，我们继续工作了大概三个月，那时我还认识了法官艾伦，州议会秘书撒木耳·部士帖耳，议员爱瑟·皮耳生、约瑟·库柏，几个斯密司家的人和测量局长爱瑟·狄考。狄考是个睿智精明的老者，他告诉我他年轻的时候曾从事替砖匠人送黏土的工作，在成年之后有机会学习识字，后来帮着测量员背测链，测量术就是从他们那里学会的，他很勤劳，这个时候已经有了自己的家产，他对我说："我能感觉到，不久之后，你将会把这个人从费城的印刷行业中排挤出去，你将会以印刷业起家。"这时，他对我想要在费城或其他地方开印刷铺的想法一无所知。这些朋友都对我日后的发展起到了重要的作用，我也曾力所能及地帮助过他们其中的一些人，他们一直对我充满敬意。

在讲到我正式开设印刷铺之前，我得先讲讲我对当时伦理道德的一些看法，这样你就能够知道这些观念对我未来的影响了。在我很小的时候，我的父母亲就以宗教思想教育我，在我童年时期，我受到了虔诚的非国教徒的影响。后来由于在所学的书本里我发现了一些对教条的争议，恰好我对于教条中的几点也怀着疑意，到十五岁的时候，我开始对《圣经》产生了质疑。我无意中读到了一些反对自然神教的书，据说这些都是博尔演讲中讲道文的主旨。它们对我产生的影响跟它们原本之意恰好相悖，为了驳斥自然神教，它们引出自然神教信徒的议论作为证据，但这些议论要比反驳它们的理论还能站得住脚。简言之，我没过多久就变成了一个十足的自然神教信徒了。我的议论影响了一些人，特别是柯林斯和雷夫，但是这两个人后来都深深地伤害了我。一想到基夫对我的欺骗，以及我对佛南和李德小姐的欺骗，总让我陷入深深的苦恼，我开始相信有些教义的真实性，但这一点好处也没有。我的那本伦敦小册子曾引用了德莱登的诗词作为信条：

> 存在的就是合理的，
> 视力欠佳的人或许能看到链条上最近的一环，
> 但他的双眼看不到，
> 链条上那杆用以权衡的秤。

在那本小册子中，我从上帝的特质，他无限的智慧、善意，以及他所拥有的力量概括出了这个世界上其实并没有真正错误的事情，善恶也只是一种空洞的区分，根本就不存在什么善恶。现在看来，我的这篇文章并不像以前以为的那么备受注目，我甚至怀疑一些错误的论断是在不经意间悄然混入了我的观点，最后致使其跟着影响了接下来的理论系统，这在形而上学的推论中常常出现。

慢慢地，我开始确信，在人与人的交往过程中，最重要的应该是真实、诚恳和笃定。于是，几经思考，我将我的决定记在了日记中，我承诺自己在一生中必须加以实践，永不间断。事实上，《圣经》本身对我并不重要，但我也认可这样的观点：我们不能因为某些行为是《圣经》禁止的，就说它是坏的，也不能因为某些行为是《圣经》要求我们去做的，就认为是有益的。而是在我们对这些行为的前因后果考虑之后，认为它是不利于我们的，所以才加以禁止；或是对我们有益处，所以才去实行。这种信仰，凭借上帝或天使的祝福，或是一些带有偶然性的有利形势，或者是三者的结合，让我得以保全，让我在没有父亲在一边亲自监督和教导的情况下，让我在缺乏宗教信仰的情况下，安全地走过了陌生的人群，避免了所遇到的尴尬处境，没有做出任何超越道德或正义的事情，并且顺利渡过了青年时期的危险。但由于我的年轻，经验的缺乏，别人的无赖，也都导致一些事情的发生，但这都在意料之中。所以，在初入社会时，我的品德上并未出现什么大问题，一切都还看得过去。我也看到了这些品德的重要性，并下了决心去践行。

在我和凯姆回到费城后不久，新的设备从伦敦运来了。我们和凯姆商量之后，他同意我离开了，但他并不知道我们要开设印刷铺的计划。我们在市场附近找到了要出租的房子，交了租金。那个时候一年是二十四镑，为了减轻房租压力，我们雇了釉工托马斯·高德福莱，他带了家人来与我们同住，这样一来，他可以替我们承担一些租金，同时我们的一日三餐也交给了他们。我们还没来得及拆开铅字，整理印刷机。我的朋友乔治·赫司带着一个乡下人来到了我们这里。他在街上碰到了正要去找印刷铺的这个人。这个时候，我们的所有资金已经全部用在了购置新设备和开业的各项事宜上，因此这个人的五先令成了我们的第一笔收入，而且它来得正是时候，这项收入带给我的快乐超过了以后赚到的任何一笔价值五先令的银币。出于对乔治·赫司的感激之情，我十分愿意帮助那些刚开业的年轻人，我的热心正源于此。

　　每一个国家都会有一些预言国家即将灭亡的悲观主义者。当时，在费城就有这样一个人，他很有名气，年龄稍长，是个讲话严肃、看着十分睿智的人。他叫撒木耳·密克尔，但我并不认识他。有一天，他忽然跑到我的印刷铺门口，问我是不是就是那个新开印刷铺的年轻人，我肯定地回答了他，他说，他为我感到可惜，因为开印刷铺需要很多钱，但这些钱迟早会亏损掉。他说费城在逐渐没落，城市里的很多人都是半破产状态了，但表面看起来并非如此，就像那些新建的大楼和上涨的房租其实是一种虚浮的繁荣。这些都将是造成我们亏损的因素。然后，他对一些即将要发生的灾难进行了详细的描述。他离开后，我感到闷闷不乐。因为我如果早一点认识他，或许就不会冒这个险了。这位长者住在一所破房子里，用他一贯的诡辩继续生存着，他一直不肯换住所，是因为他觉得这里的一切都将毁灭。但是后来，我很高兴地看到他花了将近高于当时五倍的价格买了一处新住所。

4. "密社"和我的密友们

　　我之前应该早点提到，在前一年秋天，我将我朋友中很有才干的人聚在了一起，成立了一个可以互相切磋的社团，并命名为"密社"。每周五晚上，我们有一次聚会。章程由我起草，我强调每个成员要提出一两篇关于道德、政治或者哲学中的问题作为讨论的话题，每隔三个月要诵读本人的一篇作品，题目可以由自己拟定。辩论会由会长主持，每个成员应该遵循探索真理的精神来进行辩论，杜绝以爱好争辩为目的。为了防止太过激进的情绪，一切直接的抗辩和肯定意见的表达在过一段时间之后就会被禁止，违反者会处以罚款。

这个社团成立之初，加入的成员有：约瑟·勃赖诺，他是一个公证处的契约誊写员，性格敦厚，待人友好，已至中年的他非常喜欢诗，也会写一些小诗，文采不错。他还会做一些小东西，与人交谈时很有想法。

托马斯·高德福莱，这是一个自学数学成才的人，对数学深有研究，也就是后来"哈德栗象限"的发明者。除了他的本行之外，他对其他事物知之甚少，并不合群。就像所有我遇到的数学家一样，他对每句话的正确性都有严格要求，会无休止地否定或纠缠于细小的事物，从而导致整个讨论无法进行。不久后，他就离开了我们。

测量员尼古拉·斯格尔，后来成了测量局的局长，他尤爱读书，有时也会写几行诗。

制鞋匠威廉·柏生，好读书，对数学也较有研究，听说他最初学习数学是为了研究占星术，后来每每说起这件事他都会笑起来。后来他也成了测量局局长。

细木匠威廉·莫德集，是一个技术精湛的工匠，性格稳健，比较开明。

休·梅莱笛斯、司蒂芬·博茨、乔治·卫勃，我在前面已经做过介绍了。

劳勃脱·葛莱丝，是一个年轻的绅士，有一定的财产，为人慷慨大方，幽默风趣，说话常常一语双关，对朋友非常尊重。

还有商店员威廉·柯尔曼，他的年纪与我相仿，是我见过的人中头脑最为清醒冷静的。他很善良，品德高尚，后来成了一个很有声望的商人，也是我们州的法官之一。我们的友谊持续了大概四十多年。差不多与我们的社团存在的时间一样。这个社团是当时宾夕法尼亚最优秀的哲学和政治学学派。我们在辩论前的一个星期会先将论文宣读一遍，这让我们在阅读的过程中可以留心不同的主题，这也可以帮助我们在辩论时的观点更为中肯。我们谈话时的好习惯也逐渐在养成。在章程中，我们有对避免冲突所做的预防，正因如此，我们的社团才得以长久存在，这个社团的其他事宜我还会在后文中提到。

之所以在这里提到这个社团的事，是为了提及我当时所有的伙伴。他们每个人都竭尽全力地帮我们拉拢客户。特别是替我们介绍了替教友会印刷历史中 40 印张的这单大生意的勃赖诺，凯姆负责其余部分的印刷，因为价钱很低，所以这单生意工作的十分辛苦。这是"为祖国"式的对开本，并且要用 12 磅活字印，还要印用小号的铅字写的很长的注释。我每天排一张出来，梅莱笛斯则负责印刷，常常要到夜里十一点钟才能为第二天的印刷做完拆版工作，如果有其他的朋友介绍来的细碎的活耽误了这个工作，还会更晚。有一个晚上，我装完版，非常开心地以为今天的工作已经结束了，但是却不小心碰坏了其中一版，我马上把乱作一团的两页铅字拆了重新排，全部妥当之后才上床睡觉，因为我坚定地坚持每天都要排好一大张的速度。邻居们目睹了我们的勤劳，也因而增加了我们的名声和信誉。有人还特意告诉我说："人们在商人开设的晚间俱乐部里提到你们这家新开的印刷铺的时候，都说是必然会失败的，城里显然已经有了凯姆和勃拉福两家印刷铺了。但是提出不同意见的贝尔德博士（多年以后在他的故乡苏格兰的圣安得路兹我们见过面）说：'我从俱乐部回家的时候，看见那个富兰克林还在工作，甚至第二天在邻居还没有起来的时候就开始工作了，从来没有见过如此勤劳的人。'"正是这些评论给大家留下了很好的印象，后来没过多久就有人提议让我们代销文具，但是我们当时并不想经营文具方面的生意。

我特别重点地强调勤劳，听起来好像是在自我吹捧，我主要是为了我以后的子孙读到这儿的时候，可以在这里认识到勤劳对我的人生有如此大的好处，意识到勤劳是多么可贵的品质。

乔治·卫勃交的女朋友借给他向凯姆赎回自由所需的资金。为了还钱他来到我的铺子当员工。当时我们没有办法雇佣他，但是我却愚蠢地告诉他我打算不久后办一份报纸的秘密，并且说到了那个时候就可以雇佣他。我跟他说我寄希望这件事情可以成功的现状：当时的勃拉福办的报纸是唯一的一家，但是这份报纸枯燥无味，管理不善，没有一点意义，所以我想开一家优秀的报纸肯定可以赚到钱。虽然我告诉了卫勃不要告诉别人，但是他却告诉了凯姆。凯姆立刻宣称自己办报的计划，成功地抢在了我的前面，还雇用了卫勃。对这件事我十分气愤。当时我的报纸还办不起来，所以我为勃拉福开办的报纸写了几篇名为《爱管闲事的人》的有趣作品，勃赖诺又将这件事持续了好几个月。通过这样的方式广大民众成功的注意到了这家报纸，经过我们的悉数调侃。凯姆的计划得到了人们的漠视，报纸他还是办了起来，最多的时候拥有 90 个订阅者，办了九个月，后来他决定低价把报纸卖给我。我很早就有接手这家报纸的准备，所以就立刻买了这家报纸，并且在几年内把这家报纸变成了我非常赚钱的事业。

我常常用单数的第一人称说话，是因为虽然说店铺是合伙经营，但是我几乎负责了全部的运营，梅莱笛斯压根不会排字，印刷也懂得不太多，并且经常喝醉酒。我的朋友常常会非常惋惜我跟他合作，我也只是善于利用其中的一点好处而已。

跟以前宾夕法尼亚的报纸相比，我们的报纸一看就截然不同：字体清晰，印刷精致美观，当时我们在报纸上评论保奈特州长和马萨诸塞州州议会之间的争论，我们的独到言论引起了领导者的关注，他们用这报纸和发行人作为谈话材料，才几周的时间他们就都发展成了我们的订阅者。有更多的人追随他们的脚步，于是我们的订阅者增多，这是我会写文章所带来的好的成效之一。还有一个成效是：有的人看到只是会写一些小文章的人现在经营了一家报纸，他们认为应该给我一些恩惠来激励我。当时关于公家印选举票、法律和其他的一些事务还是由勃拉福负责的。他时常把州议会向州长的请愿书印得非常拙劣，还出现非常多的错误，我们就重新印了细致准确又精致美丽的请愿书寄给每一个议员，他们很明显地看出我们的不同。这件事后议会中支持我们的议员就大大地增加了，于是就顺理成章地把下半年的印刷工作交给了我们。

在前面提到的汉密顿先生，是我在州议会的朋友，我是绝对不能忘记他的。这时他是州议会的议员，从英国回来，这件事正是有他大力的支持。他的一生中在很多事情上都对我关怀备至。

大约就在这时，佛南提醒我还欠他的钱，但并没有催我。于是我写了一封信，向他致以歉意，信中坦承自己的失责，并且请求再宽限一段时间，他答应了我的请求，后来我一有偿还能力就立刻连本带息全部还给了他，并且表示了感谢。这样以后我才觉得多少弥补了自己的过失。

此时，我却遇到了另外一个出乎意料的难题。我们原来商议的梅莱笛斯的父亲要支付我们印刷铺设备的资金，但是他当时只有一百镑，给了我们一百镑后还欠了一个商人一百镑，这个商人因为不愿意等这笔钱就向法院告我们。虽然我们交了保释金，但是如果我们不能及时把款项支付给他，法庭要不了多久就会宣布强制执行，这样我们所有美好的希望就都会破灭，因为他们会出售甚至是半价出售我们的印刷机和铅字来还债。

在处于这种困境时，却出现了令我毕生难忘的友情，这两个朋友我从来都不会忘记。如果他们做得到，他们两个人都愿意主动地为我支付所有我必须要支付的款项，这些款项可以使我独立继续经营我的业务。他们都不同意我和梅莱笛斯继续当合作伙伴，他们说经常有人看到梅莱笛斯醉醺醺地在街上走，还有人看到他在酒馆里玩低俗的赌博，他的这些行为让我觉得很羞耻。我的这两个朋友叫威廉·柯尔曼和劳勃脱·葛莱丝。我告诉他们说梅莱笛斯和他的父亲在过去的时候也帮了我不少忙，如果现在他们有能力也将继续帮我，我接受了他们不少的恩惠，只要还有一点的希望他们可以履行他们在协议中的义务，我就不忍心提出和他们散伙。但是如果他们最终也不愿意履行他们的义务，那我们的合作就无法再继续下去，到时候我就可以顺理成章地接受我其他朋友的帮助。

这件事拖了一段时间后，我对梅莱笛斯说："可能你的父亲不喜欢你跟我合伙，所以才不愿意替我们支付款项，假如是你一个人的话他可能就愿意支付，如果情况是这样的话，你可以直接告诉我，我退出就可以了。"他回答说："不是的，我的父亲是真的没有支付我们的款项的能力，他才是真正地感到无能为力和失望的，而且我也不愿意让他更加为难。我一直都知道印刷的工作我做得不好，我三十岁的时候才来到城市里，来这个新的行业当学徒，这是多不可思议的一件事。我们威尔斯人有很多都是到北卡罗来纳去当殖民者，那里的土地非常便宜，所以我也想跟他们一起去。你可以找你的朋友来帮你，如果你愿意把我父亲之前垫付的一百镑还给他，然后把我平时的一些散碎的欠款还清，额外的再给我一个马鞍和三十镑，我会把我的全部产权交给你。"我立刻就答应了他提的意见，写了一份保证书，双方签字盖章。他提的要求我都办到了，不久后他就去卡罗来纳了，第二年他写了两封长信寄给我，讲述了那个地方的气候、土壤、农业等，这些事情他是十分内行的，所以这两篇叙述也是那时为止最好的。我把这些内容放在我的报纸上，读者十分满意。

　　他走后，我就去找我的两个朋友帮忙。我不想让我的朋友觉得我偏向任何一个，我就向每个朋友借了他们给我的钱的一半，也就是说本来要向一个人借的数目分给了两个人，用这些钱还完了印刷铺的账，后来就开始用自己的名义来经营印刷铺，向社会上宣布合作关系解散。这件事发生在 1729 年前后。

八　生意上的成功，首次踏入政坛

1. 发行纸币的呼声

大概就是在这时，一部分人民开始呼吁要更多地发行纸币，当时在宾夕法尼亚，纸币流通量只有一万五千镑，而且不久后甚至会更少。富裕的人们对增添纸币的呼声表示反对，他们担心会像在新英格兰那样，印刷更多的纸币导致货币贬值，损害债券人的利益。这个问题我们在"密社"板块探讨过。我当时的意见是赞成更多地发行纸币的，我相信 1723 年的时候发行的少量货币带来了很多的好处，它让这个州的人口增多，带动了商业发展，解决了部分就业问题。现在这里的老房子人满为患，新房子还在不断地建设。现在我还能回忆起，我第一次吃着面包卷走在费城的街道，那时候从胡桃街第二街道前街这一段街上的很多房门上都贴着招租信息，班里街和其他的街上也是这样的。这样的情景使我认为费城的人口在不断地外流。

我对这个辩论的题目非常有兴趣，还撰写和发表了一本叫

《纸币的性质和需要》的小册子。因为这本册子主要呼吁增加货币，所以有钱人并不喜欢，但在普通民众中非常受欢迎。而当时又没有相关的作者可以回击这本小册子的内容，所以富人处于劣势。因此，州议会中通过了增发纸币的议案。我在州议会中的朋友认为作为酬答应该由我来承接印刷纸币的业务，因为考虑到我在增加纸币这一议案通过中作的贡献。这单生意的利润十分丰厚，对我的帮助非常大，这是写作给我带来的又一个好处。

随着时间和事实的检验，纸币流通带来了明显的好处，后来对纸币的争议也随之减少。不久后，纸币的发行额就达到了五千镑，1739 年更是达到了八万镑，由于商业繁荣，建筑和人口不断增加，在战争时期更是超过了三十五万镑。所以现在我想纸币的发行应该有一个限度，过了一定的度应该就会有不良的后果。

没多久我的朋友汉密顿介绍了印刷纽开色纸币的生意给我。对当时的我来说，又是可以给我带来很大财富的生意，因为对于我这样的穷人来说，很小的事情都会显得重大。因为有利可图，这些生意都给我带来了巨大的益处。同时，我的朋友汉斯顿也给我介绍了帮助政府印刷法律和选举票的生意，这单生意我一直做到离开印刷行业为止。

接着我又开了一家小的文具铺，铺子里出售各式各样的空白单据，多亏了我的朋友勃赖诺，我们铺子里卖的单据在殖民地中是最全、格式也最准确的。同时我们还有纸张、羊皮纸、小贩用的账簿等。现在我这里有一个优秀的排字工人，他叫华德麦西，是我在伦敦认识的，他一直非常勤劳地跟我一起工作，阿克拉·罗斯的儿子也被我收为学徒。

我逐渐还清了当初为了办印刷铺借贷的款项。我为了取得商人应该有的声誉，不但在行事上勤劳节俭，而且尽量避免任何不良的影响。我穿着朴素，从来不去娱乐场所，甚至从来不出去钓鱼或者打猎，只是有时候会因为读书旷工，但那都是很少出现的情况，并且都不会让大家知道，所以也不会有人说闲话。有时候我会自己推着装满在纸店里买的纸张的独轮车经过街道回家，为了表示我不以我的行业为耻。因此，我在大家的眼中是一个勤劳上进的青年，从不拖沓，恪守信用，所以我进文具用品的商人会希望看到我再一次惠顾，其他的商人们也很想我替他们销售书籍。我的事业非常顺利，但是，凯姆的声誉和生意却一天不如一天，日渐衰落，直到后来他被迫无奈卖了自己的印刷铺设备还债，最后搬到巴巴多群岛去了。他在那里居住的几年时间里生活十分穷困潦倒。

我在凯姆的印刷铺工作的时候，就曾经教导过他的学徒大卫·哈利。我购买了凯姆的设备以后，大卫·哈利就开始替代凯姆的位置经营了。最开始的时候，我担心哈利是一个强劲的对手，因为他有很多十分有实力和势力的亲友。我商议与他合作经营，但是非常庆幸的是他十分轻蔑地拒绝了我。他是个自傲的人，穿着讲究，生活奢靡，常常去外面消遣作乐，于是事业被荒废，还欠了债。渐渐的生意都跑了，到最后没有生意可做，他也跟凯姆一样去巴巴多群岛了，还把他的印刷铺一起搬走了。在那里他这个学徒雇用了自己曾经的老板，工作中争吵不断。哈利的负债还是不断地增多，最后也不得不卖了他的铅字，回宾夕法尼亚务农了。印刷铺的购买者又雇用了凯姆来操作这些设备，但是没过几年凯姆就死了。

现在的费城，也只有多年的劲敌勃拉福是我的对手，除了他以外没有人跟我竞争。勃拉福有足够的钱，生活富裕，会偶尔雇佣一些零工做一些印刷工作，因为驿站由他管理，所以他从来都不担心生意清淡，因为大家都认为他会比别人更早获得新闻，所以报纸的广告效应就应该会比我的好，所以在他的报纸上投放的广告比我的多很多，很显然这是对我不利的，那时我也从驿站收发报纸，但是人们并不知道。因为我能通过驿站寄报纸是因为贿赂了那里的骑师，所以他们都是暗中帮我寄件，让我十分生气的是勃拉福居然禁止他们帮我寄送我的报纸，这样的行为让我非常瞧不起，后来当我代替了他的位置管理驿站的时候，我就下定决心绝对不会像他那样做出那样的事情。

一直到这个时候，我都是在高德福莱家里吃饭，他和他的妻子、孩子用了我房子的一部分，在我的店铺边上他有一家玻璃铺，但是由于他十分钟爱研究数学，所以工作并不出色。高德福莱太太想把自己一个亲戚的女儿介绍给我，经常创造条件让我们见面，后来我确实对她产生了感情，因为这个女孩还是非常可爱的。老一辈的人非常支持我，经常让我去吃饭，为了让我们两个人多在一起，后来我们就开始彼此说明了。由高德福莱太太给我们传话。我告诉高德福莱太太说我想从他们的女儿那里得到可以还清我印刷铺的欠款的剩余款项，当时应该不到一百英镑，她传回来的话说他们家没有这样一笔钱给我，我告诉他们可以去银行抵押房产，过了几天后我收到他们的回复是他们不同意我们的婚事了。他们从勃拉福那里打听到印刷业并不赚钱，我的铅字也很快就要损坏了，到时候还需要更多的铅字，并且说凯姆和哈利都破产了，我也不会坚持多久，因此他们家不再允许我去拜访。与此同时，还把他们的女儿也关了起来。

他们是真的改主意了，还是在耍诡计，我无法分辨，他们是认为我们已经建立了深厚的感情，所以我们会一起私奔，如此的话就可以免去或者干脆不给嫁妆。我认为他们是因为后者，所以非常生气，就不再去他们家了。再后来高德福莱太太跟我说他们的情况有了转机，想让我再去商议，但是我非常坚决地说不再跟他们有往来了。因为这件事高德福莱全家都非常生气，我们之间有了矛盾，他们搬了出去，我自己住了整所房子，并且决定以后不会再招新的租客。

2. 重拾旧爱

这件事情以后我有了想结婚的想法，因此，我开始注意观察我的周围，并主动扩大我的朋友圈，可是不久后我就发现，很多人都认为印刷业并不赚钱，所以我并不能从妻子那里得到资金，除非那个女人并不合我的心意。但是，我不能控制的年轻气盛和情欲经常让我跟一些偶遇的下流女人发生关系，这样不仅花钱，还十分麻烦，我常常害怕自己会感染一些疾病，虽然说非常侥幸我没有传染到这种疾病。

这段时间，我寄住在李德太太的家里，从第一天开始他们一直都很尊敬我，我们是邻居还是朋友，一直维持着友好的通信关系。他们的事情也常常请我去一起商量，能帮助的地方我都会给他们帮助。李德小姐非常可怜，她总是没有精神，闷闷不乐，不愿意跟别人交流，我很同情她的不幸遭遇。我觉得我在伦敦的时候对她的轻浮和后来的变心是造成她痛苦的主要原因，但是她善良的母亲认为自己的责任比我大，因为是她在我去英国之前阻止我们结婚，并且在我去英国后她又劝女儿跟别人结婚。现在我们又重新有了感情，但是想要结婚还是困难重重，她第一次结婚是毫无意义的，因为那个男人的前妻在英国，还活着，只是由于距离太远并不容易证明。而且，虽然听说他已经去世了，但是却无法确认。就算是真死了，他留下的许多债务，也许需要他的继承者代替偿还。我们顶着这些风险，还是在 1730 年 9 月 1 日结婚了。想象中的麻烦事情都没有发生，她一直努力地帮我经营店铺，是一个善良忠诚的伴侣，我们一起努力，彼此体贴安慰，让生意兴旺起来了。就这样，我觉得总算是给那一个大的错误一个补偿。

在这个时候我们社团就选择在葛莱丝家里的一间小房间里开会，而不是在酒馆里了。那间小房间后来就成了特意开会的地方。因为在探讨论文的时候经常会引证我们的书籍，因此我提议可以把我们的书整理起来都放在我们聚会的地方，这样我们需要参考的时候就会方便多了。这样只要我们愿意把书籍放在一个共同的藏书室里，聚集起来，我们每个人就可以有机会使用所有其他会员的书籍了。我们每个人就有了像拥有全部书籍一样的好处。这个提议大家都十分喜欢，所以就都同意了。就这样我们把我们暂时用不到的书都放在房间的一角。放在一起的书籍并没有像我们预想的那么多。虽然说放在一起有很多好处，但也因为没有人管理和保养这些书籍产生了一些问题和不便，所以大概一年以后，每个人把各自的书拿回去了，这些书籍也因此又被拆散了。

此时我提出了第一个公共性质的计划，即建立一个订阅图书馆。我拟定了草案，让我的律师勃劳克田修改成适当的格式，凭借我在"密社"中的朋友们，一开始我就有 50 个订阅者，每个订阅者刚开始给 40 先令，以后的 50 年每年给 10 先令，50 年也就是存在的期限。当订阅者达到 100 个的时候，我们就有了执照。这就是北美的第一家订阅图书馆，现在订阅图书馆已经是遍布各地。建立这样的图书馆本身就是一件伟大的事，所以数量在不断地增加，这些图书馆丰富了美洲人的日常谈话，让普通的人也可以像其他国家的高层人士那样有智慧，而且还在某种程度上帮助了他们在殖民地展开保护他们自身利益的各种斗争。

备注：以上叙述是根据文章开篇表达的目的所写，因此包含其他人无关紧要的家庭琐事。下面的叙述是多年以后，根据下面几封信里提出的意见而写的，所以是为了公众所写。而独立革命的事情使得写作中断。

3. 詹姆士留存的信件

艾贝尔·詹姆士——费城富商。根据法兰德（Farrand）在他的《富兰克林传》中记载：在富兰克林出使法国的时候，交给他的朋友约瑟夫·盖洛韦一小箱子文稿，英国攻占费城的时候，盖洛韦投降英国，他的夫人从敌人手里抢回了这箱文稿，在她去世前，把这箱文稿交给了德高望重的艾贝尔·詹姆士先生保存。下面是先生的来信并附上我的自传节选，在巴黎收到。

我敬爱的朋友：

我时常想给您写信，但是我又十分担心信件会落入英国人手中，我怕如果有印刷商或者是小人把我们通信的一些内容泄露出去，会造成您的困扰，也会让我受到他人的非议。

不久前，我非常荣幸地得到了您的亲笔手稿，大约 23 张，是寄给您儿子的，其中叙述了您的出身和生平事迹，截止时间为 1730 年。其中还有您的注解，也是您写给儿子的手稿。我把手稿另外抄写了一份，跟这封信一起寄给您。如果您要继续写下去的话，希望这份手稿可以帮您衔接上下两部分。如果说一直到现在您还没有继续往下写，希望您别再耽搁了。

传教士常说人生充满变化。万一像您这样亲切厚道的本杰明·富兰克林先生离开世界，而导致世人失去这样一本裨益良久且伟大的作品，一本不仅仅是对少数人，更是对千千万万人有益而又有趣味的作品，世人该怎么看呢？这样的作品对广大青年的思想是极有益处的。在我看来，作为公众的领袖，您的日记影响力更为重大。它会潜移默化地引领广大青年人成为像您一样善良优秀的人。如果您的传记发表了（我想这是一定的），将会引领他们学习您年轻时勤劳节俭的优秀品质，那这作品对青少年的益处将是无可估量的！在这个时代，我实在想不到还有另一个人或者说一个团体可以像您一样，促进美国青年勤奋的精神和对尽职尽责、勤劳节俭的高度重视。我并没有否认这本自传的其他优点和在世上的其他好处，事实不是这样。只是因为仅仅这一个用处就如此重要，实在想不出还有什么好处可以和它相提并论。

上面的这封信和附件内容给了我的一个朋友看，看后我收到他下面这封信。本杰明·沃恩（BenjaminVaughan，1751—1835，英国驻法外交官，和富兰克林有着深厚的友谊，同情美国革命，并且在1779年编辑出版了第一部《富兰克林选集》）。他来信中说道：

我最亲爱的先生：

有幸阅读了您的教友会朋友找到的记载您生平事迹的手稿。我跟您说过我准备给您写一封信，想告诉您我也同样认为如果您按照他的意思把它写完并且发表将是一件有益的事情。之前的一段时间，由于各种繁杂的事情，一直耽搁至今才写这封信，此时我也不知道应不应该对这封信抱有期望。现在我刚好有时间，于是我决定写这封信，因为至少我对写这封信是有兴趣并且可以获得益处。我也会担心这封信中我所用到的措辞也许会冒犯到您这样的人，所以我只会跟您说，假如我面对的是像您一样和善的伟人，又不似您一样谦逊，我会怎么写信给他，我会对他说：先生，我恳求您把您的自传发表的理由是您的一生如此出彩，就算您自己不写，也一定会有慕名者编写您的传记，与其让他人来写，还不如您自己执笔完成。此外，您的自传还介绍了很多您所在国家的内情，一定程度上也会吸引一批善良勇敢的人因此移居到您的国家。这些移民迫切需要这种资料，再加上您的声望，没有任何的广告比您的自传更有效了。您成功的人生与您所在土地积极向上的民风，以及风土人情也有密不可分的关系。由此看来，您的自传对于研究风土人情和人类社会学的学者来说，其重要性堪比恺撒和塔西佗的著作。先生，说这么多理由在我看来都是不值一提的，如果您的自传对未来塑造伟大人物有益，那您将要发表的《道德的艺术》也会对个人道德加以完善，对社会和家庭幸福的促进可能产生重要的影响。以上您的两部作品，会成为以后自学者的典型教材和最高准则。学校教育和其他一些形式的教育常常会根据不正确的教育原则进行教育工作，由此产生一套指向错误目标的笨拙方法。但是您的方式是正确的，而且简单易懂。家长们和年轻人还都在因为没有正确的方法而彷徨不安，不知道该怎么对未来的道路进行合理而正确的判断，您告诉他们这些东西是很多人只要努力就可以做到的，这是多么珍贵的发现。它们对人们后期品质的影响和提升来说，虽然来得有点晚，但起到了不可忽视的作用。我们的习惯和好恶是在青年时期形成的，同时也是在青年的时候选择我们的职业、工作和另一半。所以，青年时期是人生的一个关键转折点。甚至可以说对下一代的教育也是在这个时期形成的。青年时期形成个人道德和社会道德。人一生的开始严格来说就是从青年到晚年的时期，所以我们应该好好地从青年开始，特别是在我们决定自己人生的主要目标之前。您的自传不仅能成为人们自学的范本，还能让人懂得如何成为一个有智慧的人。就算是一个拥有智慧的人，如果看到了自己以外的另一个智者一生的事迹以后，也受益颇多，进而不断地完善自己。自远古时代开始，人类就一直在黑暗中不断摸索，几乎没有一个指路者，那么为什么智慧缺失的人就没有权利享受到这方面的帮助呢？所以请先生把应该做的事情告诉每位父亲和孩子，帮助有智慧的人成为像您一样的人，也帮助其他人成为明智的人。我们看到政治家和军人可以把人类生存环境变得十分残酷，名人也可以违背自己的原则来对待自己的朋友，同时我们也可以看到良好的社会风气的形成，看到伟大的人与和善的政治家，看到一个人可以同时拥有良好的品德与和蔼可亲的作风，这对人类是大有裨益的。

在您的自传中当然也会有与生活相关的琐碎事件，它们也将非常有用，因为我们生活中最需要的也是日常为人处世的准则，所以也想看看您是怎么对待日常生活中的琐事的。在这些事情的处理上自传将成为一种指导，向许多人解释早就应该有人向他们解释的问题，让他们有机会可以做睿智而有远见的人。阅读用趣味十足的笔触写成的别人的生活经历，是最贴近自己生活经历的事情，您的表述会吸引读者。您的日常琐事及处理这些事务的描述会让读者有身临其境之感，会让人更加深刻地意识到这种处世之道的重要性。我相信您在叙述这些事情的时候用心斟酌，就像您在讨论政治和哲学问题一样（假如我们有考虑生命的重要性和得失），没有什么东西会比人生更值得推敲和规划。

这世界上有盲目善良的人，也有异想天开不着边际的人，更有别有用心的险恶之辈，但是，先生，我相信您所写的必定是明智、实际、善良的东西。您的自传可以充分地表明您不羞于您的出身（我现在描述的这个人和富兰克林博士相似，不仅仅体现在品德方面，也体现在个人生活经历上）。这点非常重要，因为正是这点证明了人的快乐、高贵和伟大与出身没有必要的关系。可是想要达成一个目标也不能没有具体的方式，我们知道，您自己也有制订可以让您成为一代伟人的方案。同时我们也看到，拥有美好的结局，计划实行时所使用的方法的确是人类所能想到的最简单的方法，那就是：依靠本性、德行、思考和习惯。您的自传里表现得还有一点就是：每个人都有适合自己的机会登上世界的舞台。因为我们太关注于眼前，所以往往容易忽略以后的日子，因此，我们在行动的时候应当长远考虑到自己的一生。您的成功就得益于您让您生命中每一个瞬间都充满快乐，而不是被自己愚蠢的急躁或者懊悔而折磨。对于那些以伟大人物为自己行为准则的人来说，这种做人的方式是简单易行的，因为伟人都有善于忍耐的优点。教友会中给您写信的友人称赞您的朴实、勤劳和节俭，先生（同样这里我还是假设我在给一个与富兰克林博士相似的人在写信），您是青年人的榜样。但是他却没有提到您的谦虚和大公无私，这让我有点诧异。如果没有这些优秀的品质，您也就没有耐心等到您显贵，也不会在这期间泰然处之、自得其乐。这正强有力地证明着荣誉的虚无和思想控制的重要性。如果说给您写信的人可以像我一样充分认识到您声誉的本质，他就会告诉您：您以往的论文著作和您提出的议案会让人关注到您的自传和"道德艺术"，与此同时，您的这本自传和您所宣扬的"道德艺术"也会让人们关注您以前的论文和议案。这就体现了多方面发展的人才的好处，这样的多重身份可以尽量地发挥它所包含的一切。对改进自己的思想和品行不知从何下手的人要远多于没有时间或者兴趣从事这种工作的人，所以您的自传在这方面就显得更为有用。

先生，我还想说最后一个感想，您的自传是作为一篇传记的用途。自传还是非常有用的，虽然这个文学形式现在已经有点过时了。您的文稿可以和现在社会上许多知名的阴谋家和暴徒的传记比较，还可以与那些违背情理的僧院式的苦行者或者是自以为是的文人的传记相比。如果您的这本传记可以鼓舞到更多的人写出类似的作品，而且指引他们把自己为人处世之道公开写入书中的话，那它的价值就堪比普鲁泰克全部传记的大合辑。我想象的这个人已经让我感觉厌倦，因为他的特点不能让我们歌颂，而且每个特点都只能适合于世界上的某一个人，在这封信结束前，我将向亲爱的富兰克林本人提出一个我私人的请求。亲爱的先生，我恳求您能给世人一个了解您真实个性特点的机会，不要让政治上的争论歪曲或者埋藏您的真实个性。由于您已经年迈，并且生性谨小慎微，处理事情有您特殊的方式，所以我想没有人能充分熟知您的一生并且了解您的思维动机，除了您本人。此外，目前面临的大革命也会把我们的注意力集中在革命的首创者那里。革命的目标就是为了某些道德原则，所以明确地指出这些道德原则如何对革命产生影响就十分重要。您自己的品行会成为人们效仿的标准，所以您刚正不阿的品行就应当百世流传（也当是为了可以影响到您不断发展的伟大的国家，以及英国和欧洲）。为提高人们的幸福感，我认为证明人类本性恶劣是必要的，还必须要证明人的本性是可以通过正确的处理而得到改变的。因为一些其他的理由，我也很想让大家共同认可，在现在的社会中还是存在一部分拥有高尚品德的人，假如我们一概把所有的人类都归为恶劣的，那么很容易使善良的人放弃毫无用处的努力，他们也会只想在充满争斗的世上得到好处，或者仅仅考虑使自己觉得舒适。所以，亲爱的先生，请继续写您的自传吧，以此表达出您的善良，您的稳重，因为在现实中您确实就是这样，最主要的还是证明您就是自小热爱正义、自由、和谐，就是这样的信仰造就了您一如既往的行事风格。正如我们最近这17年对您的了解一样。希望您不仅可以获得英国人的尊重，更能赢得他们的爱慕。如果英国人尊敬您国家的个别民众时，渐渐地也会尊敬您的国家。同样，您的国家的民众感受到了自己被英国人尊敬，渐渐的他们也会尊敬英国。您甚至可以看得更长远和宽泛一些，不单单局限在英国。在您相继地解决了关于人性和政治的诸多问题之后，您下一步就该去改变全人类了。但是我并没有读过这本自传，我仅仅是认识这自传的主人公，所以我的话可能是妄自断言。但是我相信我对我说到的自传，还有关于《道德的艺术》的论文的期望必然会得到满足。如果我的意见有幸被您采纳，那就更加满足了我的期望了。即使不像预想的那样，您的作品没有满足您的热烈的歌颂者寄予的希望，但是至少您写出来了两部非常有趣的作品。如果一个人可以把一种单纯的快乐带给他人，那他的人生幸福感也会大大提升。所以，我恳请您认可我的请求。

1783 年 1 月 31 日于巴黎

正传续篇

自传续编始于 1784 年，写于巴黎近郊的帕西。

很久之前，我就收到了上面的两封信，但是之前我一直没有时间和精力满足信中所说的期望。如果是在家里写作，手边的笔记可以帮我回忆以前的事情和发生的时间，写起来会顺利很多。但是我并不能确定什么时候回去，现在勉强可以抽出点时间，就想依靠自己的回忆力所能及地写出一些内容。如果还能在有生之年回到家乡，到时候我还可以进行修正。

由于上半部分的稿子不在我的手边，所以我忘了之前有没有提到过我创办费城公共图书馆的方式。这种公共图书馆刚开始的时候很小，但是现在已经发展得非常大了。因为我记得我之前已经叙述到创办图书馆前后（1730 年），所以现在我从创办图书馆开始讲述，假如后期发现以前已经叙述过，那删掉这部分重复内容就可以了。

刚开始准备在宾夕法尼亚开业的时候，波士顿以南的殖民地却找不到一家合适的书店。虽然当时我在纽约和费城的印刷铺也售卖文具，但是只有纸张、历书、民歌和一些常见的课本。真正的图书爱好者还得从英国订购他们需要的书籍。"密社"的成员每人手中都有几本书，最开始时我们聚会的地方是一家啤酒店，后来专门租了一处房间用来开会。我建议大家可以把自己的书籍都集中放在那个房间里，这样对我们大家都有益处，因为不仅仅开会的时候参考起来方便，而且每个人还可以把自己感兴趣的书借回家去读。他们都接受了我的提议并这样做了，当时我们都十分满意。

我看到了我们这个小的藏书楼的优点之后，就提倡推广读书，提议建立一个公共图书馆。首先，我草拟了一个计划方案和一些规章制度。请了查理·勃劳克田先生做公证人，因为他熟识业务。他把我的方案写成了订阅合同，合同规定每一个订阅者同意为购买的第一批书籍支付一定的费用，之后每年通过支付一定数目的会费以供图书馆购置新书。那时候的费城，读者寥寥无几，大多数人并不富足，我费尽心力也才找了50个读者，大多是年轻的手工业者，他们愿意在第一年先付40先令，以后每个人每年付10先令。我们就靠着这微薄的资金支持开始了这项事业。我们采购了书籍，图书馆每周向订阅者开放一天办理订阅手续，订阅者需要与我们签署凭证，并同意如果不能按时归还书籍就得按照原价加倍赔偿。不久大家就发现了图书馆的好处，其他州的城镇也纷纷效仿。这些图书馆得到私人的捐赠后也迅速地扩大，读书成了一种风尚。由于我们的公民除了读书以外并没有其他娱乐活动，所以他们对书籍格外感兴趣。几年后，国外的评论者说：他们的文化等级和智力水平远比其他国家同一阶层的一般民众要高。

我们要开始签订上面说的订阅合同了，这合同对我们自己及子孙后代均有效力，合同期为50年。公证人勃劳克田先生跟我们说："你们都还在青年时期，但是你们中很多人都没有太大的可能活到合同期满的时候。"我们中的好几个人如今依旧健在，但是那合同没过几年就被一张特许状宣布为无效了，与此同时，这个图书馆也被改组成了一个永久性的公司。

在我邀请大家加入订阅图书馆的时候遇到的阻挠和抵抗，让我意识到，当一个实用的方案会促使一个人的声誉高于他身边的人，但却需要这些人的帮助才能实现时，还是不要宣布这个方案是自己首创的好。所以，我尽可能不用自己的名义，而是说这个计划由我的几个朋友提出，我只是受到他们的委托来拜访那些大家公认的图书爱好者并且邀请他们参加。通过这种方式，我的工作进展顺利，之后遇到这样的情况我也会这么做。我衷心地推荐这个方法，因为效果非常好。你现在牺牲的一点点虚荣会为你以后赢得巨大的好处。如果一件事情还不能确定谁当受功者，有些比你更爱慕虚荣的人就会早早地出来自称是自己的功劳，那时候就连妒忌都会去拔去那些冒充者的羽毛为你主持公道，把功劳归还给其原本的主人。

　　这个图书馆也让我得到了不断提升自己的机会，我每天都会花一两个小时的时间去读书，这在一定程度上弥补了我没有接受到高等教育的缺陷。我的父亲曾经迫切希望我能接受高等教育。除了读书，我不允许自己有任何其他的娱乐活动。我从来不去酒馆、赌场或者其他的娱乐场所浪费自己的时间。我一直勤恳辛苦地工作，这是十分必要的，因为当时印刷铺的债务我还没有还清，而家里的孩子也快要上学了，而且我还得跟比我早的两家印刷铺进行业务竞争。即便如此，我的情况还是好转了很多。我依旧保持原来勤俭节约的习惯。童年时期，我的父亲就经常教导我，他常常提到一句所罗门的箴言：如果一个人处事勤勉，他将立于君王前，而不是立于普通人面前。所以，我认为勤勉就是拥有财富和名誉的必要手段。这个信条一直激励着我，虽然我从未想过有一天我会真正立于君王面前。现在，我真正地做到了这一点，我曾站在过五个国王面前，甚至还跟一个国王同桌进餐——那就是丹麦国王。

4. 要想有所发展，必须请教他的妻子

英国有一句谚语说："要想有所发展，必须请教他的妻子。"很幸运，我有一个同我一样愿意勤俭生活的妻子。她非常愿意在事业上帮助我，常帮我折叠并装订小册子，打理店铺，为造纸商收购破布等。我们没有雇佣多余的仆人，饭食十分简单，家具也都十分简单。例如，很长的一段时间里，我只用面包和牛奶充当早餐（不喝茶），而餐具也是只值两便士的陶制粥碗和一只锡制的调羹。值得注意的是，就算你再怎么在原则上抵制奢侈之风，它也会渐渐侵入你的家庭并且得以蔓延。因为有一天，我去吃早餐的时候，发现我的餐具变成了一个瓷碗和一个银调羹。原来是妻子瞒着我花了 23 先令的巨额款项为我买的，她并没有多余的解释或者理由，仅仅是因为她觉得我也应该像我们的其他邻居们一样，享用一个银调羹和瓷碗。这是第一次在我家里出现的银器和瓷器，后来经过许多年，随着我们财富的逐渐增加，家里的杯盘碗碟之类的瓷器也慢慢地增加到了几百镑的数额。

宗教方面，我从小接受的是长老会的教育。虽说长老会的某些教条听起来莫名其妙，比如：上帝的永远判决、上帝的选择、上帝的定罪等，当然，还有一些其他值得怀疑的教条。尽管我在早年的时候由于礼拜天要去读书就不去长老会的教堂做礼拜，但我依然保持着我的某些宗教信仰，比如：我从不质疑上帝的存在，上帝是这个世界的造物主，并且按照他的旨意管理统治着这个世界，上帝最值得欣慰的贡献就是对世人行善，我们的灵魂是永恒的，善有善报，恶有恶报，这个报应如果没有应在今世就是会应在来世。这些是所有宗教的必备要素，因为我可以在任何宗

教里找到这些要素，所以我会不同程度地尊重任何的教派，因为我发现它们都会或多或少跟一些不可能被鼓励、促进或者确定为道德观念的东西混杂，而这些东西会让我们不能友好地相处，甚至产生分裂。我认为就算是最坏的教派也会有好的一面。正因我尊重一切的教派，所以我可以避免一切可能使人对我的宗教信仰产生坏印象的谈话。随着我们州居住人数的不断增加，教堂也需要增加，而新教堂一般都通过自愿捐助的方式进行筹建，不管什么教派，人们需要我的捐助的时候，我都会愿意出自己的一份力。

我很少参加任何的公共礼拜，但是如果主持得当，我仍然认为做礼拜是应当的、有益的。我还会定期缴付费用来维持费城仅有的一个长老会牧师和教堂。这位牧师有时候会以朋友的身份来拜访我，并邀请我到他的教堂去做礼拜，有时我会被他强行拉去做礼拜，最长的时候连续去了五个礼拜天。如果他是一个非常优秀的传教士，我想我还会继续去，尽管我十分需要周末的空闲时间来阅读。但他讲道时宣扬的不是神学上的观点争论，就是阐述长老会特殊的教条，这些对我来说枯燥无味，没有任何的启发性，这样的讲道方式并没有宣扬或者鼓吹某一条道德伦理原则，它好像是在教我们如果做长老会的忠实教友，而不是教我们做一个好公民。

之后，他讲到了腓立比人书第四章中的某一节经文："最后，弟兄们，凡是真实的，正直的，公正的，纯洁的，可爱的，有美名的，若是有什么德行或是任何可赞美的地方，你们都要加以思考。"这样以经文为主题的讲道我想应该要讲到道德了吧。但是他的讲道只有五点，认为使徒的本意是：一、虔诚地度过安息日；二、勤读《圣经》；三、按时做礼拜；四、参加圣典；五、尊敬牧师。这些也是好的东西，但是并不是从那段经文中引申出来的好东西，我对可以从其他的经文里听到他可以引申出好东西不再抱有任何的希望，我感到厌倦，后来就再也没有去听过他讲道。之前（1728年）我编写过一小本祈祷书，是为自己使用准备的，名字是《信条和宗教条例》。我不再去教堂做礼拜，便又重新使用起这本书。可能我这样做并不对，但是现在不提这些以求得大家的谅解，因为我当前的主要目的是为了叙述事件本身而不是为事件去辩解。

九　自我美德的提升

1. 美德源自良好的习惯

　　大约就在这时，我想到了一个大胆但充满困难的计划，它可使我成为拥有完美品德的人。我希望在我一生中的任何时候都不要犯错，我想改掉自己所有的缺点，无论是天然的爱好，还是后期因习惯或交友不善所致。因为我知道，或者说是自以为知道什么是善，什么是恶，所以我觉得我应该可以做到只做好事，规避所有的坏事。不久以后，我才发现这项工作远比我想象的要困难。在我努力去改掉一个缺点的时候，我预想不到的其他缺点又会出现。由于一时的大意，习惯就会占据上风，癖好很多时候又可以轻松战胜理智。后来我发现，只停留在相信更完善的品德对我们更有益，但是还不能达到预防过失的目的，我们必须要打破坏的习惯，培养好的习惯，才可以持续保证自己的行为举止能一直正确。为了实现这个愿景，我又想了下面的方法：

　　我发现在我所读的书中，各个作家在列举道德品质时或多或少都会有分歧，因为不同的作者对同一个词的理解总有偏差。例如"节制"这个词语，有人只是把它局限于饮食，但是还有人把它的含义引申至人们限制自己的快乐、欲望、爱好或者肉体和精神的情欲需求，甚至延伸到贪婪和野心方面。所以为了使之更加明确，我建议多设几个条目，每个条目少一些引申含义，尽量避免条目少而含义多的现象。我提出了十三种德行，这都是当时我认为必要的德行，每一条下面都加了简要的注释，以划定这个词应该有的词义范围。

以下是我所列的德行条目和含义：

一、节制。食适量；不醉酒。

二、沉默是金。言语要利人利己，避免损人不利己的闲聊。

三、生活有规划。东西总是放在原本的位置；日常琐事按时间完成。

四、决心。坚决做应作之事，并坚持下去。

五、节俭。钱要花在利人或利己处，杜绝浪费。

六、勤勉。合理安排时间，时刻做有用的事，不做无用功。

七、诚恳。不欺骗，思想公正纯良，说话也是如此。

八、公正。要认真地履行自己应尽的义务，做事有益于人，不做对人不利的事。

九、避免极端。做事要有分寸，容忍别人给予你应受的处罚。

十、整洁。保持自身、衣物和住所的干净整洁。

十一、从容。遇到普通的或者不可避免的事故要从容处之，不急躁。

十二、贞节。切忌房事过度，除为健康或者生育后代，避免因此伤害身体，损害自己或别人的安宁或者声誉。

十三、谦逊。以耶稣和苏格拉底为榜样。

我的目标就是要养成以上的所有美德，所以我认为还是不能立刻全面地去实施，这样很难集中注意力，在一定的时间内集中精神针对其中的一个效果会更好。当一个美德被我养成习惯以后，我再开始培养下一个，一直到上面的十三条我全部做到为止。因为先养成的美德会对下一个美德的培养有益，所以我就以此为依据把它们按上面的顺序排列。之所以要把节制放在第一位，是因为它能培养我冷静的头脑，保持思维的清晰。为了时刻警惕旧习惯的死灰复燃和无休无止的引诱试探，获得冷静的头脑和清晰的思维就变得十分重要，这样的美德养成以后，沉默寡言就成了自然而然的样子。我不仅想增进自己的美好品德，与此同时，我还想学习更多的知识，我认为在与人交谈的时候用耳朵比用嘴更能增长知识，所以我准备改掉我当时性格中正形成的爱好喋喋不休、开玩笑的习惯。这样的习惯只能让我跟轻浮的人做朋友，所以我把沉默寡言放在了第二位。在我养成了第二项和第三项美德以后，我觉得我会有更多的时间去完成我的阅读计划。当我有决心后，我就有更加坚定的决心来实现其他的美德了。俭朴和勤勉能带给我财富和产业，促使我还清剩余的债务，让我更加容易实现诚恳和公正。然后，依照毕达哥拉斯在他的"金诗篇"中所说，我认为每天都有必要检验，所以我又想了以下的方式来进行考查。

我做了一个小本子，每页写上一个美德。每页都用红笔画七行，每一行代表一星期的每一天，所以每一行写上代表星期几的字母。然后用红线把这些直行分成 13 条横格，每一个横格的最上方写上代表每一个美德的一个字母。在横格所对应的直行里，我会标上一个小黑点，表示我在检查当天的美德情况时发现的问题。

我决定每个星期着重注意一项美德，每项美德轮流。这样，在第一周的时候，我着重关注节制并且避免任何极其微小的过失。其他的美德则像平常一样对待，只在每天结束时记下过失。所以，如果在第一周时，我可以使写"节制"的那一行没有黑点，那么我认为我的这一美德就得到了强化，而与它对立的坏习惯就被削弱了。这样的程度就足以让我转移注意力到下面的一项，努力做到下周过后前两行都找不到黑点。照这样的计划一直到最后一项，整个过程可以在 13 周内完成，一年可以循环 4 次。就像一个人给一个花园除草，企图一次完全消灭所有的野草是不现实的，这超过了一个人的能力范围，但是他可以在一定的时候集中精力对付一个花坛，可以除完第一个之后再着手下一个。我希望能骄傲地在表格上看到自己品德的不断进步，我一步步地清除着横格中的黑点，到最后，循环了几次以后，在 13 周一个循环的筛选检查后，我就能欣慰地看到一本干净的册子了。

我引用了艾迪逊的几句话为这本小册子题词：

我要从这儿坚持到最后。如果上帝有灵（整个宇宙和宇宙间的一切都在大声疾呼着证明上帝是存在的），上帝必定会喜爱美好的品德，而可以让上帝喜爱的人必定幸运。

另外题词中还引用了西塞罗的话：

啊！哲学！人生的指南针！啊！探索美德的人，祛除罪恶的人呀！有一天，遵照您的指示去做，终将趋吉避凶。

还有一个题词引自所罗门的箴言，关于智慧和美德，它说：

　　她右手握着无尽而漫长的年岁，左手满是财富和名誉。她的道路是幸福快乐的，她的方式是和平（第三章，16、17两节）。

我认定智慧的源泉来自上帝，所以在获取智慧的时候我认为祈祷恳求上帝的帮助是必要的。为此我专门写了如下的小祈祷文，附在我检查表格的前面，方便每天使用：

　　啊！全能至善的上帝！慈爱的天父！我的指路人！您让我更加智慧，让我能分清利弊。让我的意志力更加顽强，让我可以听从您智慧的命令。请您允许我衷心服务于您的其他信徒，这是我对您不断庇佑我的唯一回报。

汤姆森的一首诗也偶尔被我用作短的祈祷模式。那就是：

　　光明与生命之父，至高之神！
　　啊！是您教我认识美德，认识至善之神！
　　拯救我于不羁、虚伪和丑恶，
　　救我远离一切低贱的心思，求您让我的灵魂
　　被无尽的知识、安定的心神、美好的德行
　　和圣洁、真实、无休止的幸福所填充。

生活有规划就是说我在做日常的每一件事的时候，都要预留合理的时间，所以我的小册子的其中一页就是我一天二十四小时的作息计划表。

清　晨 问题：我今天要做 什么好事？	5 6 7	起床，洗漱，穿衣，向全能至善的上帝祷告，规划一天的工作，安排当天的侧重点；继续现在在做的事情，吃早餐。
	8 9 10 11	工作。
正　午	12 1	读书，核查账目，吃午餐。
	2 3 4 5	工作。
傍　晚 问题：我今天做了 什么好事？	6 7 8 9	整理东西。吃晚饭。听音乐，其他娱乐活动或闲聊。核查当天做的事。
黑　夜	10 11 12 1 2 3 4	睡觉。

　　为了不断地自省，我执行了这一计划。我坚持了一段时间，只有偶然的中断。我意外地发现了现实中我的失误会比我想的要多，但是看到我失误的不断减少让我非常愉悦。我把表格上我以前的失误擦除，为了在新一轮的核查中可以标记新的记号，小册子也由此变得十分残破。我时常需要制作新的册子，为了不那么麻烦，我用一种极其光亮的厚纸做了我的表格和箴言，这本纪念册我用红墨水画了横直线，非常耐用，我用黑色的铅笔在这个表格中标记我的过失。我可以很轻易地用一块湿海绵擦掉上面的铅笔记号。在这样的一段时间之后，一年我只能完成一个循环，再到后来，几年时间才能完成一个循环，最后我就完全放弃了执行这个计划，因为我常常要外出旅行或者出国工作，这诸多的事务都会妨碍这个计划，但是这本小册子我一直带在身边。

2. 生活要有规划

　　给我添麻烦最多的一项美德是"生活有规划"。我发现对于一个印刷铺职员来说，他们工作的时间和内容是固定的，他们可以从容安排自己的时间，甚至可以做到做每件事都安排出一定的时间，但是对于一个老板来说，他必须要随时出去应酬，在不确定的时间接待来访的客人，所以根本就不可能做到这一点。要把琐碎的物件、文件等分类安放在固定的地点这件事，我也很难做到。早年的时候我就没有这样做的习惯，因为我有十分好的记忆力，所以这样没有秩序乱放东西的坏习惯也并没有让我觉得有什么不方便。所以这项美德我花了很多的心思，我对自己的这些过失十分烦恼，而且改善得那么慢，坏习惯又时常死灰复燃，所以我几乎快要有了放弃的念头，想接受并满足于自己在这些方面不完美的品德。就好比有人在我邻居铁匠那里购买了一把斧头，他要求铁匠把整个斧头打磨得都跟斧口一样明亮。铁匠说如果他愿意自己摇转磨斧头的轮子，就同意把整个斧头磨亮。于是，他开始摇轮子，铁匠则把斧头又紧又重的一面尽可能贴近轮子，这使得轮子十分吃力。那人时不时地就跑去看究竟磨成了什么样，直到后来他自己不想再磨了，宁愿接受这斧头原来的样子。铁匠就说："不要停止，请继续摇转，继续吧。它总会被磨得光亮。现在只是还有一些斑点而已。"那个人却说："可是我想我就是喜欢像这样的一把带有斑点的斧头。"我相信很多人都是如此，由于他们没有跟我一样使用以上的方法，所以想要改掉坏习惯、养成好习惯显得异常艰难，因此就会放弃努力，后来断定"还是一把有斑点的斧头最好"。还有一些貌似理智的声音在不断地告诉我说，如同我一样对自己极度挑剔苛刻，这或许就是道德极其愚蠢的表现，如果让人知道将被耻笑。还说那么完美的品格是会被众人嫉妒并与其为敌的，如果这样就更加麻烦了。还说一个和善的人是会让自己有一些不足，这样多少会让自己身边的朋友有一点面子。

实话实说，我觉得我很难改掉在生活规划方面养成的坏习惯。随着年纪渐长，我的记忆力也大不如前，我非常明确地体会到了这习惯带给我的诸多不便。整体来讲，我虽然完全没有达到之前心里雄心勃勃地想要的状态，并且相差甚远，但是我凭借自己的努力，现在确实比没有做之前要好很多，也要快乐很多。这就好比是临摹书法的人，他们的初衷是要有完美的书法，虽然他们永远也不可能达到临摹本上的完美程度，但是临摹的过程总是让他们的书法不断得到改善，字慢慢地写得干净整洁好辨认，这也算是相当好的成效。

　　我的子孙后代应当知道，他们的祖先完全依仗着这小小的方法和上帝的庇佑，在他的一生中，直到写这本书，也就是他 79 岁时，获得了长久的幸运。晚年将会有什么挫折来临，那是未知的。如果真的有不幸降临，往日的快乐时光也能让他听从天命。正是节制造就了他一直以来健壮结实的体格。勤勉和节俭使他在早年可以拥有好的机遇，获得了不少财产，他成了一个有用的公民，并在学术界拥有了不小的声誉。诚恳和公正让他取得了国家的信任，并给予了他光荣的职务。这所有的品德又让他形成了为人和气和与人交谈时愉悦爽快的性格，即使这样也并没有到至善至美的地步。他谈话时的愉快和爽直，使他即使到了晚年还拥有颇高的人气，甚至是年轻人也非常愿意与他相处。所以，我希望我以后的子孙里也有人可以像我这样。

　　值得注意的是：虽然我的这个计划没有完全脱离宗教，但是其中却不包含任何宗教特定教条的痕迹。这些教条是我有意避开的，因为我深信我的方法会大有用处，可以让各个教派的人都从中获益，而且我还有都要发表的打算，因此我不允许它含有任何可以让任何教派反对的内容。曾经我准备在每一项美德的后面加上说明，说明这种美德给我们带来的益处和相反的坏习惯带给我们的危害。我之所以想叫这本书为《道德的艺术》，是因为没有任何东西可以像道德一样给人财富。它和那些只是劝人从善的书最大的区别是它可以明确地说出养成这种美德的方法。徒有空洞的理论却不教人实际，没有具体的方法，这就像使徒中的口头慈善家一样，不教授那些忍饥挨饿的人们如何获得食物和衣物的方法，只是空洞地告诫他们说要吃饱穿暖（《新约·雅各书》第二章，15、16 两节）。

　　但是我本来打算要发表这些说明的计划也一直没有实现。确实，我习惯常常随手写下一些想法、评论等笔记，为了以后可以用到，有的直到现在我还保存着，但是那时候我把大部分的注意力放在个人事业和国家大事上，所以这件事就被搁浅了。这个计划是伟大而深远的，它需要一个人用全部的精力去践行，一件接一件不可预料的事件常常打乱我实行这个计划的节奏，所以一直到现在这些说明也没有撰写。

这本书里，我原本想传达的是这样的原则，即：如果只考虑人性，那么不道德的行为有害，并不是因为它们是被禁止的，而之所以它们被禁止就是因为它们是有害的。所以，要成为一个有德行的人，如果他希望今生获得快乐，这对他来说是非常有益的。如此来看，世界上有太多的富商、贵族和宗亲需要一个忠实的仆人替他们打理事务，但是忠实之人少之又少，我想让年轻人坚信，在这个世界上没有任何一种品质，像诚实廉洁一样可以让一个穷人走向致富之路。

我制订的美好品德最开始的时候只有 12 项，后来有一个来自教友会的朋友跟我说，人们都觉得我很自大，常常在交谈的过程中表现出来，在讨论中我都喜欢努力证明自己是正确的，态度高傲，盛气凌人。他还举了几个例子让我充分地意识到这个问题。于是我决定在克服别的恶习时，也努力改掉这个坏习惯，所以我在册子中加上了谦虚，并赋予这个词更多的内涵。

我不敢说我在培养自己谦虚品德的过程中实际上取得了多大的成效，但至少在表面看来确有太多进步。我时刻注意严禁自己说出跟别人意见相反或过分自大的话语，我甚至参照了"密社"的老规矩，严禁自己使用英文里所有表示完全肯定的词句，比如"一定""不容置疑"等，取而代之的是"我觉得""我猜想"，或是"我推理这件事大概是什么什么样子"，或是"现在在我看来好像是……"等。当有人发表的见解我不认同时，我也不会简单粗暴地反驳、立刻指出他话语中一些荒谬的地方，我拒绝了直接反驳带给自己的快感。交谈的时候，我开始说他的理论可能在某些情况下合理，但是面对当前的实际情况我觉得好像有些不妥等。没过多久，我就发现了这种交谈方式的益处，我跟别人的谈话比以前更加和谐了。由于我提出意见时谦虚的态度，人们反而更好地接受了我的意见，驳斥声也因此减少。就算后期发现自己说错了，也没有之前那么懊恼了。如果我的意见是正确的，我的话语也更有说服力，让人们放弃自己错误的观点来接受我的意见。

最开始的时候我还感觉这样的方式很不自然，但渐渐变得顺其自然、轻而易举，我想在我过去的 50 年中再也没有人听我说过任何一句自以为是的话。在我早期的时候，我每次提议新建某种制度或者修改某种制度时，我的提议会被人高度重视，后来我成为一名议员，在议会中也有不容忽视的影响力，我想主要原因在于我拥有了这样谦逊的美德（如果不考虑诚实和廉洁的话）。我不善于表达，也不是一个善辩的人，说出来的话经常不通顺，也常出现语病，但即使这样，我的提议依然得到人们的拥护。

在我们与生俱来的各种感情里，实话说，恐怕没有任何一种会比傲慢更顽固且难以改变。就算你彻底改变，拼尽全力，把它彻底打入十八层地狱强制镇压，就算你尽全力压制和克服，但是它还是没有办法完全被消灭，还是会在不经意间崭露头角。就在这本自传中你就有可能感受到，因为就算我意识中觉得自己已经完全克服了这个缺点，但是我又会因为我的谦虚表现出自豪。

以上内容，于 1784 年写于法国帕西。

续

传

　　1788 年 8 月，我在家里准备动笔继续写了，可是我并不能像自己所想的那样依靠自己的笔记找到很多资料，因为我的许多笔记都在战争中遗失了。我只找到了以下的部分。

　　前面既然说到我以前想的一个伟大而深远的计划，那么我觉得应该在此说明一下这个计划产生的过程和要达到的效果。一个偶然的机会幸存的小文件可以说明它是怎么在我的脑海中形成的。这个文件如下：

　　1731 年 5 月 19 日于图书馆阅读历史有感。

　　"政党促进和影响着世界大事、战争和革命等。"

　　"政党代表的意见代表着他们自身的利益，或者他们认为是当前他们自身的利益。"

　　"不同政党见解的不同会引起非常大的混乱。"

　　"当一个政党在推行一个大政策时，党内的每一个成员都会有属于自己的利益考虑。"

　　"当政党的大计划达成以后，每一个党内人员就开始全身心地要求获得自身的利益了。个人利益交纵错杂，互相驳斥，政党就被分为许多小的派别，结果就有了更大的混乱。"

　　"不管嘴上说得多么好，从政的人基本没有只从国家利益这一个目标出发的。尽管他们所做的事情是真的有益于国家，但是依然离不开个人利益，是从国家利益与个人利益分不开这个角度出发的，并不单单出于要忠诚报国。"

　　"从政之人能把人类的利益放在第一位的更是屈指可数了。"

　　"我觉得现在非常有必要聚集各个国家德行兼备的人组成一个新的正式团体，就叫'联合道德党'，党员要服从我们合理而明智的党章。这些德行兼备的人，相比于普通人遵守的普通法律，应该能更自觉自愿地遵守我们的党章。"

"当前如果有一个有声望的人可以适时宜的成功创办这样一个党组织，上帝必然会帮助他，他必将获得成功。"

本·富兰克林

我一直记得这个计划，想在以后有空的时候执行。在筹备这个计划的时候，我时常在纸上记下自己当时的感想。这些文稿大多丢失了，但我却找到了一个原来打算当作教条草案主旨的文件，里面记载了我当时觉得的各个教派的精华，它去除了可以引起任何教派的教徒反对的一切内容。原文如下：

天地间有一个创造万物的主宰者。

上帝运用自己的秩序管理世界。

人应当抱着崇敬和感恩的心来向上帝祈祷。

但是上帝却最喜欢对世人展现善行。

灵魂永存。

不管来世今生，善恶必将得到上帝的赏罚。

我对这个全新的宗教团体当时有如下建议：初始阶段应当传播于年轻的单身人群，每一个加入的信徒不仅要宣布接受我们的教条，并且要按照前面所叙述的方式经过十三周的时间考察和实行那些美德。这个团体初始时处于保密阶段，一直到增加了一定数量的信徒为止，这样可以预防坏人的加入，加入本教的信徒也应当在自己身边的朋友中发现德行兼备之人，循序渐进且小心谨慎地告诉他们这个团体的计划。信徒们在事业上要彼此督促、支持和帮助，维护每个人的利益。这个教派起名叫"自由和富裕人会"。自由的含义是说，当人们都普遍养成了良好的品德习惯后，会摆脱罪恶的控制，尤其是当人们形成了勤俭的美德，负债自然就可以避免，负债会让人因此被监禁或者会变成债主的奴隶。

这个计划到现在我能记起来的也只剩这些了，记得我曾经把这个计划讲给了两个年轻人，他们对这个计划十分赞成并同意这样做。可是我当时深处窘境，必须全身心地投入到自己的工作中去，所以那时候我不得已把这个计划的进一步执行往后推迟，后来由于烦琐凌乱的公共和私人事务的缠绕，这个计划就被一再拖延，直到最后我已经没有足够的精力去完成这件事情了，虽然直到现在我还认为这是一个切实可行的计划，如果真正地实行，必将是一件大有益处的事情。而且我也没有被这件事的艰难表象吓得退却，因为我一直坚信一个有才之人是可以引领一场巨大的改革的，可以成就一番大事业，如果事前设定一个好的计划，同时放弃所有可以使他分心的工作，以及娱乐活动，全身心投入到计划的执行和实施上去。

十 《穷理查的历书》及其他

1. "空袋子难以自立"

1732 年我首次使用了理查·桑德斯这个名字出版了一部我的历书。之后相继出版了 25 年的时间，它被称为《穷理查的历书》。我想方设法让这本书充满趣味性和实用性，所以在当时广受欢迎，我也获得了不少的利润，每年都可以销售多达一万册。我发现很多人都在阅读这本书，宾夕法尼亚州的居民平均几家就有一本，所以我觉得这是在普通大众中传递教育理念的非常好的载体。这些人几乎都只购买这本书，所以我把以成语的形式写成的箴言印刷在这本书中最重要的日子中间的空白处，这些箴言主要告诉人们勤俭这一美德可以使人拥有财富，而让一个贫穷的人保持住诚实和廉洁相当有难度，在此用一句谚语来说就是"空袋子难以自立"。

这些箴言涵盖了各个国家和时代的智慧，我搜集整理后写成一篇完整的文章，像一个有智慧的老人在拍卖开场时发表的演讲，我把这篇文章置于 1757 年历书的首页。把这些零散的成语整理在一起，集中叙述一个道理能给人更加深刻的记忆。这篇文章好评如潮，整个美洲的报纸都转载了它，英国人更是选择把这个文章用大的纸张印刷出来张贴在家里的墙上。它还有两个版本的法语版译本。传教士和地主们也大量购买用于赠送给他们穷困的教友和农户。它反对在奢侈品上使用大量的钱财，所以在这本书出版后的几年间，宾夕法尼亚州市场上的货币不断增多，一部分人认为它促使了财富的增加。

我认为我的报纸也能成为一种教育的工具，因为在报纸上我常常转载《旁观者》或者关于伦理道德的文章摘要。我偶尔也会在我的报纸上发表自己写的小文章，它们本来是为了在"密社"中讨论而准备的。我有一篇用苏格拉底的对话体写成的文章，目的是为了说明一个坏人无论拥有怎样的才能和资本都不可能被认定为一个贤明的人。还有一篇主要是写自制，写了在养成一种品德的过程中，要确保这种美德已经成为一种习惯，并且不再受到与其相对的恶习的影响才算稳固。这些文章大概可以在 1735 年初的报上找到。

在编撰报纸时，我会非常审慎地避免刊登一切带有诽谤和人身攻击的文章，正是因为诽谤和污蔑才使我们国家近年来遭受了奇耻大辱。有人要求我刊登这类文章的时候，总是理直气壮地说，报纸就像公共马车，我们有出版自由，只要愿意出刊登费用，任何人都能拥有刊登自己文章的位置。我回复说，如果他答应，我单独帮他印刷，印刷多少份都可以，但是要他自己出去散发，为他承担诽谤的责任我是不会做的。我有义务向我的订阅者提供对他们有益处或者他们觉得充满趣味性的东西，我们之间有合同说明，那我就不可以在他们的报纸上刊登跟他们完全无关的私人诽谤之言。如果我这样做了，是对他们明显的不公平。目前，在我国众多的报纸发行者中，有的为满足个别人泄愤的无理要求，无中生有去诽谤一些品德高尚的优秀人士，这些引起了争端，甚至决斗。除此以外，还有报纸甚至不知轻重地刊登一些污蔑邻国政府，甚至是我们友好的同盟国政策的文章，这种下流的污蔑有可能引起非常严重的后果。我之所以说这些事情，是为了提醒那些经验尚且不足的报纸发行者，奉劝他们不要沾染这些恶习，这是对报纸不尊重，也会使他们的职业蒙羞。一旦发现这样的要求，他们应该义无反顾地拒绝，因为在我的例子里他们就能看出：这样的行事准则，整体来说不会有损他们的任何利益。

1733 年的南卡罗来纳州的查理斯敦需要一家印刷铺，我就派了我的一个职员去。我提供给他一台印刷机和一些铅字，并跟他签订了合作协议，我承担收支的三分之一。他很有文化，诚实清廉，却不懂会计。因此他汇款给我的时候，我一直都没有从他那里获得会计报表，在他活着的时候我也一直没有得到过关于我们合作的任何令人满意的报告。他去世以后，他的妻子继续经营这家印刷铺。她成长于荷兰，在那里听说妇女必修的一项就是簿记，她不仅整理了以往的收支情况，并做了详细的报告，而且后来的每个季度她都会非常准时地邮寄给我十分精确的报告，她非常成功地管理着这个店铺，把自己的孩子抚养长大，并且有相当好的信誉，在我们合作合同到期后，她从我的手中买走了印刷铺，把铺子的业务交给了她的儿子去管理经营。

我之所以说这件事情，目的是为了让我们年轻的女性学习这门学问，万一婚后守寡了，这门学问相比于音乐或者舞蹈对她们或者子女会更有用，这能保护她们免遭坏人的欺负而有所损失，也可能让她们依靠已有的社会关系接着去经营管理一家赚钱的店铺，一直到她们的子女长大成人，可以继续管理这项事业，这对一个家庭是极其有利的。

2. 年轻传教士亨普希尔

大概在 1734 年的时候，我们这里来了一个爱尔兰的年轻传教士亨普希尔。他声音响亮，就算是没有事先准备也能讲得天花乱坠，他吸引了很多不同教派的人士，这些人都对他赞赏有加。包括我和其他的一些人也常常去听他讲道。他从来不机械地阐述教条，而是激情高涨地劝人为善或者是用宗教语言解释何为积德行善，所以我非常喜欢听他说教。可是来的人里，有一些自认为是正统教派长老的人对他的看法持反对意见，大部分年长的牧师都加入了这一派，向长老会的宗教议会提出抗议，指责他为异端者，要求禁止他传教。我是他忠实的拥护者，而且我还尽力帮他组织起了他的一批拥护者，我们为了他而战斗，而且我们胜利的希望也挺高，那个时期我们与他的反对者进行了笔伐战。在传教方面虽然他做得非常优秀，但是我发现他却不擅长写文章，所以我替他执笔，替他写了两三本小册子和一篇论文，这论文于 1735年在《公报》发表。就像普遍的带有争论性的文章一样，这些小册子虽然被人追捧一时，但是过后就很快被人淡忘了。我想现在估计一本也找不到了。

我们争论的过程中发生了一件对他的事业造成了极大损害的事情。我们的对立方里有一个人，听了他的一场饱受人们赞扬的讲道以后，觉得似曾耳闻，或者说有一些片段曾经见过。后来他详细查找后，那段说教的文章被他找到了，是出自一本英国的评论中，这些言论原来是出自浮士德的讲道文章，这个重大的发现导致我们中一大部分人开始瞧不起他，并因此不再支持他了，因此我们在宗教议会中的斗争很快就以失败收尾了。但是我始终对他抱有支持的态度，因为我认为他转述别人写得非常优秀的讲道文章也好过他讲述自己写得拙劣的说教。后来他跟我说他的讲道文大多都不是出自自己之手，因为拥有异于常人的超强记忆力，读过一遍的讲道文都可以熟记于心。我们的笔伐失败以后，他就离开了这里，到别处继续以这样的方式传教去了，我也同样脱离了这个教会，以后没有再加入，即便在以后的很多年我都有捐款用来支持这个教会的牧师。

3. 关于语言学习的一些切身体会

我开始学习外语是在 1733 年的时候。没过多长时间我就可以顺利阅读法语书籍，我掌握了大部分法语知识。紧接着我就开始学习意大利语。我还有一位同一时期也在学习意大利语的朋友，他时常让我同他下棋。后来我发觉下棋似乎占用了非常多的原来打算去学习的时间后，我就不再去了，除非我们的游戏规则是这样的，即：下棋每局的胜利者有权指定另外一个人关于语法方面的背诵或者是翻译的工作，而失败者要保证在我们下次见面之前做好这项工作。我们的棋艺相差无几，用这样的方式，我们顺利地把意大利语也装入了脑中。后来我又刻苦地去学习西班牙语，也同样地获得了阅读西班牙语书籍的能力。

以上的叙述中我曾提到过，小时候我曾经在拉丁语学校学习过近一年的拉丁文，之后被完全搁置了。后来当我能完全熟练地应用法语、意大利语和西班牙语以后，再翻看一本拉丁语版的《圣经》时，我惊讶地发现，我懂的拉丁文比我想象中要多，这让我有了继续学习拉丁文的兴趣，我收获了很多，因为之前学习的几种语言让我学起来更加得心应手。

由此看来，我觉得我们教授外国语言的方式普遍存在问题。人们说我们学习语言就要从拉丁文着手，当熟练掌握拉丁文以后，那么学习由拉丁文演变而来的现代语言就容易多了。可是，为了能更加轻松地学习拉丁文，我们为什么不能从学习希腊文开始呢？但是如果你可以免去台阶直接到达最顶峰，那么当你往下走的时候也会觉得简单轻易。毋庸置疑的是，如果你从最底层一步一步地向上攀爬，那会更容易到达顶峰。很多人在学习了几年的拉丁文仍不见任何的成效之后就放弃了，那他们以前学到的东西没有任何的用处，只是白白地浪费了时间而已。正因如此，我建议负责青年教育的管理人员考虑可否让学生先从法语学起，之后再学习意大利语等。因为如果这样的话他们在几年的学习之后，就算没有再继续外国语的学习，也从没有达到拉丁文的水平，他们至少掌握了之前学到的一种或者两种外国语言，这些都是我们生活中通用的语言，所以在日常生活中都能用到。

4. 选择风险较小的路走

我离开波士顿已有十年之久，现在我生活富足。我去波士顿旅行，并顺道拜访我的亲朋好友，此前我是没有足够的金钱去进行类似的旅行。回来的时候，我到了新港，去探访把印刷铺搬去新港的哥哥。我们以前的嫌隙已经完全消除，这次见面十分热情和融洽。他的健康状况令人担忧，所以他请求我在他去世以后（他估计他没有多久可以活了），把他只有十岁的儿子带去我的家里教他学习印刷。我遵照了他的嘱托，首先送了他的儿子去学校学习了几年，之后就让他学习了印刷。再由他的母亲管理印刷铺的业务一直到他成年。等他成年的时候，由于他父亲的铅字都磨损了，所以我又送了他一套新的铅字。我用这样的方式补偿了一点由于我提早离开他带给他的损失。

1736 年的时候，我那可爱的年仅 4 岁的儿子，因感染天花而不幸夭折了。这件事情让我内心痛苦和后悔了很长一段时间，甚至一直到现在我还在后悔自己没有提前给他接种疫苗。我说这件事情，主要是为了提醒那些还没有给孩子们接种疫苗的父母亲，如果您的孩子因为这个而丢失了性命，那您得会怨恨自己一生。但是从我这件事情中可以了解到就算不接种疫苗也有相同的风险，所以我们应该去选风险性小的道路。

我们的社团（"密社"）发展成了一个对社会十分有利的团体，这让会员十分自豪，有的会员想介绍他们的朋友入会，但是如果这样的话，就会超过我们原先预定的十二个人的适当人员额度。一开始我们的社团是秘密开设的，这点我们都坚定遵守着。这样做主要是为了避免遇到那些我们无法拒绝的坏人要求加入社团。我自己站在反对放开限额的那一边，为了不放宽限额，我做出了一个书面的提议，提议每一个社员可以分别用自己的方式组建一个附属社团，订立同样的探讨规定，但是不可以泄露他们和"密社"的关系。这个办法的优点有：通过我们的社团可以提升更多青年公民的见识，我们可以随时了解大众公民的想法和意见，因为我们"密社"的社员会把我们讨论的题目在分社中提出来，并把各个分社讨论的经过和结果报告给"密社"。通过更大范围的推广和传播，每个社员在各自的事业上都有了进步。我们也会把我们"密社"的意见传播到分社中去，这样就极大地增加了我们在政治上的影响力和社会服务的力度。

　　我们一致同意了这个计划，这样每个社员就开始去组建他们的社团，可是并不是每个社员都能成功组建起来，只有五六个分社被成功组织起来，他们的名称花样繁多，比如"葛藤社""协会""群社"等。加入的社员不仅仅自己获得了益处，同时也给我们带来了信息，让人学习和消遣，这在很大程度上跟我们预定的期望差不多，在一些特殊的时间上带动和影响了大众舆论，在后文需要的地方我还会举例来说明。

　　1736 年，我任职为州议会秘书，这是我一生中的第一次升迁。在第二年的时候，当我又一次作为候选人时（秘书任期为一年，和议员一样），另外一个新的议员却为了支持另外一个候选人而发表了一长篇演讲文章用来反对我，可是最后还是我被选中了。这是一件值得高兴的事情，因为这个职位不仅仅给我薪酬，同时还给我带来和议员保持良好关系的机会，而这种关系对我的印刷铺承接印刷选举票、法律、纸币和其他的一些公家的生意带来便利。这些业务，总体来说都有很丰厚的利润。

　　这个新议员的反对对我十分不利，因为他是个受过良好教育又非常能干的财主，过不了多久他就能成长为议会中非常有势力的人，结果也正如我所料。可是我没有奉承他而获得他支持的打算。一段时间以后我决定采取另外一种方式。我听说他收藏了一本非常珍惜的珍藏版书籍，我就写便条告诉他我十分想看那本书的意愿，表示我想借来看几天。他没有犹豫就寄给了我，过了一个星期左右我就还了书给他，并附了一张表示我真诚谢意的便条。紧接着，我们在一次见面的时候他对我打了招呼（他以前从来没有这样做过），而且十分谦虚有礼。从那以后，在我有需要的时候他总是乐于帮助我，我们成了非常要好的朋友，一直到他去世，我们都保持着稳定良好的友谊关系。这再一次验证了我以前听说的一句格言的正确性。格言是这样说的："如果一个人帮助过你一次，那他以后会比受过你恩惠的人更愿意去帮助你。"同时也说明了，用合适的方式消除个人之间的恩怨远好于去怨恨、报复和延长这段恩怨。

1737 年，施保茨乌上校（弗吉尼亚的前任州长，当时的邮务总局局长）因不满意费城邮务代办在处理账册方面的疏忽失职和账目不明，革了他的职，并且提议说让我继任。我非常开心地接受了，后期发觉这个职位带给我诸多的利益，虽然说只有少许的薪金，但是有利于信件往来，间接改进了报纸，报纸因此而大大增加了发行数量，与此同时更多的广告便接踵而至，可以说这个职位增加了我的收入。多年来作为我的业务对手的那家报纸却日渐衰落了，我并没有报复他在当年当邮务代办的时候不允许人替我递送报纸的行为，因为我已经很满足于我当时的情况。但是，他却因为没有精通的簿记技术而受累。这件事是为了告诫年轻人们，如果你们以后为别人做事情，你们就要做一个清清楚楚、规规矩矩的账册，并按时按量地上缴。如果你们可以做到，那么你的品质就可以成为你最为有力的推荐书，有利于你去更好的职位，带来更多的业务。

十一　致力于公共事业

1. 工作重点的转移

现在我开始把工作重点转移到政府公共事务上了。我要从琐碎的小事着手。我认为费城的当务之急是解决巡夜制度。巡夜原来是各区的警官轮流负责的，警官提前通知需要跟他们一起去巡夜的户主，有一些不愿意去巡夜的人则每年缴纳六先令用来免去这个差事。他们付的这笔钱可以用来雇佣替代者，可是缴纳的费用却远超于实际需要，这使警官的职位有油水可捞。警官们常常聚集一些乞讨者和流氓混混们，用一点酒作为报酬就让他们跟着一起巡夜，很多有一定地位的户主是不愿意与他们一起巡夜的。所以巡夜变得徒有虚名，多数夜晚就是在巡夜者喝酒中度过的。我因此写了一篇文章，打算在"密社"中宣读用来指出这些不正常的情况。特别是当警官在征收费用时，不管纳税者的实际情况，一律征六先令的不公平现象，因为一个穷困的寡妇户主全部的财产加在一起也许只有不足五十镑，但是却要支付和一个在仓库里储藏价值几千镑货物的大富商完全一样的费用。

整体上说，我提出了雇佣相对固定的人员从事稳定的巡夜工作，我认为这是比较有效的巡夜制度。与此同时我也提出了一个相对公平的缴纳巡夜费用的方式，那就是按照个人财产比例缴纳。"密社"成员一致同意以后，我们就把这个方案传播给了各个分社，作为各个分社自己提出的计划，虽然这个计划并没有马上实施，但是人们在思想上对这个变革有了准备，也为几年以后这项法律的实行打下了基础。那条法律的通过使我们社员的社会影响力逐日彰显。

就在这时我写了一篇论文（首先在"密社"阅读，后来也发表了），论述的是造成火灾的各种原因，以及如何预防火灾，劝大家用火安全。大家都看到了这篇文章的好处，所以，人们开始计划组建一个消防队，以便在发生火灾的时候可以迅速地扑灭火苗，救助人们脱离危险，帮助搬运保护财物安全。没过多久就有三个人参加了这个组织。我们订立合同，规定每个队员都必须保证拥有一定数量的适合灭火使用的皮水桶和耐用的袋子筐子（为了装运财物），一旦发生火灾也要迅速地把这些东西带到现场。我们定于每月的一天召开总结联欢会，互相交流关于防火的看法，这些知识在发生火灾时或许可以用到。

消防队没过多久就发挥了它的作用。随之越来越多的人也要加入，这大大超过了我们原先设定的每个队伍适当的限定人数。于是我们建议他们重新组建新的队伍，他们也确实这样做了。所以新的消防队如雨后春笋般不断涌现，到最后发展到大部分有房产的居民基本都加入了，数目非常多。一直到现在我写这本书时，最早我建立的叫"联合消防队"的组织一直还存在着，虽然已经过去了五十多年了，第一批参与者除了我和另外一个比我大一岁的人之外，差不多都已经去世了，但是这个组织依然十分活跃。有的队员因为不想去每个月的会议，所以需要交付少许罚款，我们就用来购买消防用材，比如火机、云梯等有利于消防队的。我猜这个世界上费城应该是能最有效制止初发火灾的城市。而事实也确实如此，自从消防队组建以后，费城从来没有出现过烧毁一两间住房的大型火灾，常常在火灾烧不到一半房屋的时候，火就会被成功地扑灭。

2. 怀特菲尔德牧师

爱尔兰一个非常出名的巡回传教士怀特菲尔德牧师，在1739年的时候来到了我们这里。起初，他是被允许在他们的某些教堂传教，可是他并不讨牧师们的喜爱，因此在教堂讲道这件事没过多久就被禁止了，这使他迫于无奈只能去荒野中讲道。成千上万不同教派的人都去听他讲道，也包括我。他的演讲可以给他的听众非常大的影响力，尽管他常常说他们生来就是一半畜生一半魔鬼地这样骂他们，但是他们依然非常尊敬和赞赏他。这一点我倒是琢磨不透。他的说教甚至改变了这里的风俗习惯，这是一件多么让人吃惊的事情。他们原来并不那么重视宗教，认为宗教是无足轻重的存在，现在他们仿佛都成了虔诚的教徒。每天夕阳西下的时候，不管你走到城市的哪里，都会听到每条街道上的每个家庭中传来的赞美诗的吟唱声。

因为我们在野外听道经常受到天气的影响，十分不便，所以就有人提出了建设教堂的建议。这个建议提出以后，捐款负责人一确定，立刻就募集到了足够的款项用于购买修建教堂的土地和其他费用。设计的教堂长100米，宽70米，和威斯敏斯特教堂的面积差不多。修建过程中工地充溢着欢乐的氛围，只花了超乎想象的极短的时间就完工了。修建成的房产交由董事会统一管理，而且公开规定任何教派的传教士要在费城讲道都可以使用该教堂，因为修建这个教堂的初衷就是为了费城全体公民听道的便利，而不是仅仅为了某一个教派。因此就算是我们这里来了一个君士坦丁堡的伊斯兰教徒要向我们宣传伊斯兰教，我们新修建的这个教堂也可为他敞开。

怀特菲尔德先生后来离开了我们，他经过各个殖民地一直抵达佐治亚州并沿途讲道。佐治亚州是一个新的殖民地，可是迁居到那里的人们并不适应那里的耕种条件，长期习惯于艰难的农耕生活的庄稼人也难以适应，需要增加很多人手，去的是一大批破产的经商者及家属还有一些破产的债务者，中间不乏懒惰无能之辈和刑满释放者。这样的人在这样原始的森林环境中，不能忍受艰苦的开荒砍伐的劳作，对这个新开发区艰苦的生活环境吃不消，相继死去许多人，只留下大批无依无靠的小孩子。怀特菲尔德先生看到这一凄惨的景象后触发了他的慈善之心，所以他决定留在那里开设一个孤儿院以教育和抚养这些可怜的孩子。他在回去北方的沿途，努力宣传这个计划并募集了大量的捐款，他的口才充满神奇的能量，可以让他的听众心甘情愿地捐献自己的力量。这其中也包括我自己。

我非常赞成他的这个提议，但是佐治亚州非常缺乏建筑材料和工人，所以人们建议花大价钱从费城送去材料和工人，因此我觉得可以把小孩子接来费城，在这里建设孤儿院会更好。我把这个想法告诉他，可是他还是坚持自己的意见没有听劝，我因此没有捐款给他。没过多久，一次偶然的机会我听到他在讲道，我料到他会在讲道结束的时候募集捐款，我默默地下定决心一点资金都不会给他，虽然那个时候我带有一些铜币，三四块银币和五块金币。可是他刚讲了一会儿我就被说服了，并打算把口袋里的铜币给他。又过了一会儿他口若悬河的讲道又使我因为觉得铜币太少而感到羞愧，所以又打算给他银币。可是当他讲完的时候是如此地打动我，所以我把口袋里所有的钱一分不落地全部投入了捐盘里。我们"密社"还有另外一个社员也在此听道，他也不赞成在佐治亚州建设孤儿院的计划，他觉得有收捐的可能，为避免此事，他出门之前就把自己身上所有的钱都放在了家里。可是当讲道快要结束的时候，他又有了非常想捐钱的意愿，于是他向站在他旁边的邻居借钱用来捐献。可是他的邻居也许就是所有听道者中唯一不为传教士所动的拥有坚强意志力的人。他说："霍布金逊兄，其他的任何时候我都可以借给你钱，多少都行。但是现在却不可以，因为您有点神志不清了。"

怀特菲尔德的一些敌对者，故意散播消息说他会私吞这些捐款收为己用，可是我十分熟悉他（他的讲道文和日记常常找我印刷），我从来没有对他的诚实廉洁怀疑过，直至今日我都深信他所做的任何事情，也觉得他自始至终都是一个诚实的人。由于我跟他不是一个教派的人，所以我觉得如果由我为他做证的话会更有说服力。的确，他因为我改变宗教信仰而祷告过，可是他没有因为他的祷告已蒙垂听而感到快慰。我们只是普通的朋友关系，两个人坦诚相待，这种友谊一直持续到他去世。

下面的事情可以体现我们之间的情谊。他从英国来到波士顿，有次写信告诉我说不久以后要来费城，可是在他来到费城的这段时间里却没有地方可以住宿，因为他听说以前一直接待他住宿的老朋友贝内舍先生现在已经搬到日耳曼了。我回复他说："如果您不嫌弃我住处简陋的话，我们家非常欢迎您的光临。"他回复我说："如果您看在上帝的面子上愿意尽心尽力接待我，那么您会被上帝祝福的。"我回答说："您搞错了，我是看在您的面子上而并不是上帝的面子。"和我们十分熟悉的一个人开玩笑说："宗教徒们大多都有一个习惯，当他们接受人们的招待的时候，并不承认说是自己受了这份情谊，而是把情谊给予上帝，但是我却非要把这份情记在他身上。"

上次我在伦敦遇到了怀特菲尔德先生，他跟我说他打算把孤儿院的房屋用以开设一所大学。

他说话时吐字清楚，声音洪亮，每个字句都十分清晰明确，就连站在很远地方的人都听得很清楚，尤其是因为他的听众，不管有多少人总能做到安安静静地倾听。一天晚上，他在法院的台阶上讲道，法院地处市场街中段和第二街西段交叉路口（这两条街成直角）。两条街上都站满了人，一直到很远的地方。我站在市场街的最后为了验证他的声音究竟可以传到多远的地方，我朝着河的方向后退，发现一直到距离前街不远的地方仍然可以清晰地听到他的声音，一直到我走到前街，喧闹声才压住他的声音。当时我想：如果以我的距离做个半圆，半圆中站满听众，假设每个人占地面积为两平方英尺，大概估算出他可以让三万人清楚地听到他讲话。此时此刻我相信了报纸中说的他曾经在旷野中给两万五千人讲道的报道。古代史书中也常常记载将军面对全军愤慨演说，以前我会怀疑，现在却相信了。

我常常听他讲道，到后来我能非常准确地区分哪些是他刚写好的，哪些是在他游行路上反复讲过多次的。当他讲自己反复讲了很多次的时候，因为多次重复的原因，他的演讲也变得精益求精，每句话的那个词，每一段的那一句，重音都运用得恰到好处，声调抑扬顿挫，非常完美，就算一个人不喜欢他演讲的内容，也会十分喜欢他的演讲本身，这种愉悦感所带来的舒适感不亚于倾听美妙的音乐。这也是巡回传教士比固定教牧师更有优势的地方，由于后者不可以反复地讲同样的内容，没有机会来改进自己讲道时的声调和体态。

可是他发表的为数不多的文章却帮了他对手很大的忙。如果说在传道的时候说错话或者发表了错误的见解，以后还可以有许多解释的机会，也可以通过讲话的前后语境对其意义加以限制说明，又或者直接否定。可是写成的文章却是不能更改的。他的敌对者抓住了他文章中的漏洞并进行猛烈的攻击，并且让批评看起来十分合理，因为这件事他的信徒人数减少了许多。所以我觉得如果他没有发表这些文章，他定会拥有更多的信徒，教派的影响力会更大，而且就算他去世以后声誉也会不断地增长，因为没有留下文章，也就没有留下被人谴责或者毁谤的依据，他的信徒热烈地拥护他，他们会把自己希望的所有高贵和优秀的品质都通过想象加注在他的身上。

3. 财富是可以衍生的

我的事业蒸蒸日上，生活环境也日渐宽裕，因为我的报纸给我带来了丰厚的收益，甚至有段时期我的报纸是本州和邻近各个州的唯一的一份。这也让我懂得了一句话："在你拥有了第一个一百镑后，第二个一百镑就会来得容易很多。"因为财富是可以衍生的。

在卡罗来纳，我和职员的合作非常成功，所以我想再选出一些品行端正的职员，按照在卡罗来纳所做的一样，与他们签订合同，让他们在各个殖民地开设印刷铺。这些职员大部分都把这个事业做得非常出色，在我们合同六年时限到了以后，他们都有了向我购买铅字独立经营的能力，这样一来他们也能更好地抚养自己的子女了。大多合伙人到最后难免不愉快，但是我却做得非常愉快，因为我的合作结果都十分和谐，过程也十分顺利，我想大概是由于我能提前预防可能发生的误解，合作双方的权利和义务在合同中都能清楚说明，因此争执也就无从发生。所以我奉劝所有要合作的合伙人都采取这种提前预防的措施，因为无论双方在达成协议或签订合约的时候多么相互信任和敬重，但是在日后的长期合作中，误会和猜忌都在所难免，在业务处理和分工合作上会产生不平等的感觉等，这时常会导致友谊与合作走到尽头，甚至会诉诸法律等不愉快的结果。

　　总体而言，能在宾夕法尼亚州开始自己的事业我深感欣慰。可是却有两件让我觉得十分遗憾的事情，一个是宾夕法尼亚州没有治安队，还有就是没有青少年教育机构，既没有民兵队，也没有一所大学。所以在1743年的时候，我提出了在那里建设一所大学的建议，当我得知一个叫彼得斯的牧师没有职业时，我认为他也许可以作为管理这所学校的合适人选，我告诉了他我的提议，可是他的志向却是谋取大量的金钱，所以根本不愿意来做这件事。当时又实在是找不到一个可以做这件事情的人，所以这件事情就被搁置了下来。第二年，也就是1744年，我组织成立了一个叫"哲学研讨会"的团体，我还为这个团体的形成撰写了论文，收录在我以后将会出版的文集中。

十二　防务工作

1. 为保障市州安全积极奔走

　　防务方面，大不列颠跟西班牙的战争已经持续好几年了，最终法国也卷入战争并站在西班牙一方，这导致我们更加艰难的境地。我们的州长汤麦斯先生曾经非常努力地劝说教友会掌管下的州议会制定一条民兵法和采取一定的措施来保障本州居民的安全，但是显然并没有取得什么效果。所以我就想方设法地发动群众来组建队伍。为了这件事能顺利进行，我首先写了一本名为《平凡的真理》的小册子。在这本册子中我明确地指出我们现在国防空洞的现象，并提出我们的国防急需征集训练的军队，并表示我会在短短的几天内提出组建人民军队并大范围征求人民的意见来强化我们的国家防务。这本小册子取得了相当好的成效。有不少人向我索要入队职员申请书，于是我和朋友们商定并草拟了一个申请书，并在之前说到过的大教堂中召开了一次盛大的市民会议。教堂中座无虚席，入队志愿书我提前印刷了许多，并在教堂的各处都准备了笔墨。我首先发表了有关国防的见解，宣读并解释了志愿书的相关条款，之后就把志愿书发到个人手中，他们没有丝毫的异议，都在志愿书上签了字。

散会后我们收集了填好的志愿书，共有 1200 个以上的人愿意参加。我们的志愿书还发到了其他的各个地方，统计起来申请的人数终于突破了 1 万人。这些志愿者快速地自己将枪械准备齐全，自己组织团队或者联队并选举出长官，每周集合一次进行持枪训练和其他相关的军事训练。女眷们则共同筹钱为团队购买了绸缎制作的军旗，图上画有各式各样的图案，写有各种格言。这些图案和格言都是我提供的。

费城各个团的长官推举我来当他们的团长，可是我觉得自己没有能力担此重任，所以拒绝了这个职位，之后推举了一位我认为合适的人选劳伦斯先生。他拥有高尚的品格和崇高的地位，所以军官就请他做了他们的长官。接下来我又发表了发行奖券，集资在城南修建炮台，资金也迅速的到位，炮台也就很快的完工了，我们用原木造了雉堞系，里面填充的是泥土。我们从波士顿购买了几门旧的大炮，这显然是远远不够的，我们甚至向并不抱任何希望的我们的业主请求帮助。

与此同时，团队委派我还有劳伦斯团长、威廉·阿伦先生、亚布篮·泰罗先生去到纽约向克林顿州长借几门大炮。起初他严词拒绝了我们的请求，可是他和他的参事共进晚餐的时候，依照当时当日的习俗，他们喝了不少的白葡萄酒，后来终于转变了态度，说同意借给我们六门。紧接着几杯酒下肚以后，他又答应给我们十门，到最后更是非常友好地承诺说给我们十八门的数目。他借给了我们十分先进良好的十八门连带炮架的大炮。没多久我们就把这十八门大炮运送回来装在了我们的炮台上。战争期间，团队每天夜里都在炮台上放哨，我则同其他的普通战士一样按时轮班值勤。

我做的这些事情得到了州长和参事会的赞赏。他们当我为真心的朋友，总是虚心地请教我能采取什么对团练有益的举措。为了得到宗教的支持，我建议他们对外宣称吃斋一天，以求军队可以更加强大并祈祷我们的军队蒙上帝的祝福。他们觉得这个建议十分可行，但是宾夕法尼亚州却从来没有举办过斋日的先例，所以秘书苦于怎么去起草这个文告。可是像这样的斋日在新英格兰却是非常常见的，我以前在那里所学习到的东西在这里就帮了大忙。我参照以前的模板起草了一个文告，翻译成德文，并用两种语言印刷出来公布给我全州的民众。这件事情给了各个教派的牧师一个机会来鼓动他们的信徒加入我们的团队。如果战争没有这么快就结束，可能我们的团队里会广泛包含除了教友会外的各个教派的人员。

我的一些朋友觉得，我所做的这些事情会冒犯到教友会，而宾夕法尼亚州的州议会中他们占极大的比例，所以我可能会因此减弱在议会中的势力。现在有一个在州议会中拥有一定人脉的年轻人，想要取代我来担任州议会的秘书一职，于是他告诉我，议员们已经决定在下次选举的时候罢任我，所以他就好言相劝让我自动辞职，让我不至于太尴尬。我回复他的是："我在书上看到一个政治家，他有一个原则，就是从来不主动申请一个职位，但是当有人希望他任职的时候他也会义不容辞，从不推脱。他的原则我十分欣赏和赞成，但是在我的行事风格中又会多那么一点，我不但不申请，不拒绝职位，同时我也不去辞职。如果他们想让另外一个人取代我担任秘书的职位，他们大可以直接免除我。可是我绝对不会用辞职的方式来放弃向我的对手宣战的权利。"后来，就再也没有什么后续事件。接下来的大选我依然跟以前一样以全票通过。每届的州长与他们的参事会在军事方面的看法一直不同于州议会，州议会对这一问题也十分烦恼。但是议员们却不愿看到我近期与参事们过密的交往，他们希望我可以自动退出，可是他们又不能单单因为我热衷于军事训练之事来罢免我，但除此之外又无其他借口。

说实话，就算我们没有去要求州议会的帮助，他们中间也不乏积极支持建设国防之人。我发现有很多人，虽然极力反对侵略性质的战争，但是却对防御战事没有反对的态度，而且这样的人出乎我意料得多。关于国防问题两方都发行了许多的小册子，其中不乏一些教友会的优秀教友写的赞成国防的内容。而且这些文章对许多青年教友会成员产生了积极的影响。

2. 对教友会的改观

在消防队发生了一件事情让我认识到教友会人们普遍的想法。有人建议说为了建设炮台，我们可以动用当时建设消防队时所剩的大概 60 镑的资金购买彩票。协议规定，我们的一个建议被提出后需要在下一届议会中通过才可实施，消防队当时共有 30 个会员，其中只有 8 个分属于其他教派，而其他的 22 个全部都是教友会的教友。我们 8 个人都如约而至，即便我们相信教友会中也会有一部分教友支持我们的提议，但是提议究竟能否多数通过，我们并没有多大的信心。有一个教友会的教友表示自己反对这个提案，他叫詹姆士·莫理斯。他对这个方案的提出表示遗憾，他说教友会的全体教友都不赞成这件事，因为它会引起争执，而这可能会严重到导致消防队的解散。我们说不会出现这样的事情，毕竟我们占少数人，如果所有的教友都反对这个提案，大可以在投票的时候胜过我们，依照议事的流程我们是要少数服从多数的，并且我们也应当这样做。到了议案讨论的时间，有人建议直接进行投票表决，虽然他也知道按照规定我们是可以直接进行表决的，但是他说他要让我们知道教友们有一部分是会来投反对票的，所以我们应该等他们来。

正当争论的时候，一个侍者跑过来跟我说有两个绅士在楼下找我，要跟我谈话。我到楼下发现是我们消防队的两个教友会的成员。他们跟我说在这附近的一家酒馆里聚集着八个教友会的会员，说如果有需要的话，他们必定会来参加会议，并且坚定地投自己赞成的一票，可是他们并不希望出席。如果没有他们的投票我们就可以通过这个议案，他们请求我们别非要他们来投票，因为他们说如果他们过来投下了赞成票，那么在后来他们会得到长者和朋友的责难。如此以后我就对这个议案的通过有了十足的把握，于是我返回楼上，犹豫思考了一会儿，然后说赞成推迟投票一个小时。莫理斯先生觉得这样做对他才是公平的，但是让他感觉非常诧异的是他说的会投反对票的教友没有一个到场。时间到了以后，这个提案以八比一的投票数通过。在 22 个教友会成员中，有 8 个人说愿意投赞成票，还有 13 个人因为不愿意投反对票而没有出席会议，因此我猜测到在教友会真正反对这个提案的人仅仅只有一个。这些会员都在教友会中拥有极高的声望，是教友会忠实的信徒，并且全都知道这次会议要商讨的内容。

有一位教友会的教友陆干先生，才华出众，德高望重，他专门给教友会的教友写了一封公开信，表示他对防御性战事的支持，并且说得合情合理，引人入胜。他捐赠给我用于购买炮台奖券的资金共有 60 镑，并且说假如中奖了，奖金将全部用作炮台的修建。他还跟我讲了他以前的东家威廉·潘的事情，用于说明防御性战争。在他还年轻的时候，他是业主威廉·潘的秘书，他跟随他渡海从英国到了美洲。恰好那是战乱时期，他们的船被一只全副武装的船紧紧地追赶，他们预想这个船应该是敌船。船长做了抵抗的准备，可是船长对威廉·潘与他的教友会随从们说，他不需要他们的帮助，他们可以都去船舱中躲避，于是他们就都去了船舱，只剩詹姆士·陆干一个愿意留在甲板上的人，于是他就收到了船长让他看守一门炮的任务。但是这个猜想中的敌船，却出人意料得友好，并没有发动战争。可是事后当他去船舱传递消息的时候，却出乎意料地得到了威廉·潘的严厉责备，说他违反教友会的规定，不应该留在甲板上参与船只保卫之事，尤其是船长说了并不需要其帮助的情况下。威廉·潘的当众责备，使他非常生气，就说："我作为你的仆人，为什么你并没有命令我去船舱呢？在我看来，遇到危险的时候，你倒也是非常愿意我在甲板上保卫这只船呢！"

教友会的教友一直以来都占州议会成员的很大比例，我在那些年中，常常见到当国王让他们通过军事补助金的时候，因为他们反对战争的原则问题而陷入进退两难的境地。一方面，他们不愿意得罪英国政府去直接反对不给拨款，另一方面，他们也不愿意去惹怒他们教友会的教友和朋友，让他们违背自己的准则屈从于英国政府。所以他们会用各种各样的语言来推辞，可是到了非做不可的时候，他们则想出各种各样掩饰的方法。最常用的就是在"供国王使用"的名义下通过拨款，但从不过问该款的具体用途。

可是如果说要求拨款这样的命令不是国王下达的，这个借口就不适合了，那他们就不得不想出一些其他的方法。例如，新英格兰政府请求宾夕法尼亚州下发一批他们缺少的火药（可能是为了路易堡的安防），汤麦斯州长大力要求州议会答应拨款，可是火药是战争的重要武器，所以州议会没有办法直接答应拨款用于购买火药，所以他们就拨款三千镑给新英格兰政府，直接交给州长，拨款用途为购买粮食、面粉或者其他颗粒物。一些想找议会麻烦的参事劝说州长不要接受这样的拨款，理由是款项跟用途不相符，但是州长说："我会接受这笔钱，因为我知道他们所说的颗粒物就是指的火药。"所以他用这笔钱买了火药，也没有任何人去反对这件事。

同样在消防队，每次我对我提出的议案没有信心通过的时候，我总是能想到这件事情。我跟我的一个队员沈先生（同时也是我的朋友）说："如果我们的提案是不会被通过的，那我们就把提议改成我们要用这笔钱购买一架救火机，这件事情是不会被教友会的队友反对的，接下来我们两个人互相提名，这样两个人就可以组成一个购买机器的委员会，我们就去买一门火炮，这就是我们提案中所说的救火机呀。"这里我们提案中写的是"fire-engine"，意思是"救火机"，但是如果照字面解释，也可说是一架"火机"。这其实是巧妙地运用了双关语。沈先生说："看来你在州议会中长时间的锻炼学习到了不少的东西。双关语的巧妙运用简直可以和他们的'粮食或其他颗粒物'不相上下了。"

教友会一向的原则就是反对各种形式的战争，他们从一开始就宣扬这样的准则，尽管后来这一准则有所改变了，但是因为他们从一开始就如此宣扬，所以彻底推翻这个论断还是有一定的难度的。教友会因此而陷入的为难境地让我想到了一个德国的教派，叫作浸礼会，他们采取的方法和态度在我看来比较恰当。这个教派刚组成的时候，我结识了其中的一个创始人迈克尔·魏尔菲。他向我倾诉说，别的教派的一些狂热分子无缘无故地污蔑他们的教派，无中生有地说他们有一些让人鄙夷的教条和习俗。我告诉他说，新成立的教派常会遭遇这样的事情，为了彻底消除这些污蔑，我建议你们最好公开你们的教条和教规。他回答说："这样的建议教友们有提出过，但是因为以下的这个原因大家并不同意这样做。"他接着说道："我们刚刚建立这个教派的时候，上帝的恩惠让我们知道，一些过去我们奉为真理的教条是多么荒谬可笑，反而我们以前嗤之以鼻的错误理论却被不断地证实是真理，我们不断地接受着上帝的指引，让我们不断地进步，错误也在不断地减少。可是我们仍然没有信心武断地认为我们现在已经步入完美，我们在道德或者神学上的知识已经踏入顶峰。如果一旦公开了我们的教条和教规，我们担心反而会受到牵制，这可能会限制我们不断进步的脚步，甚至也会同样限制我们的子孙后代，因为他们坚定地相信着长老和先祖的遗训是那么得神圣，所以应当坚定不移地遵守，不被侵犯。"

一个如此谦逊明智的教派在人类历史上恐怕从来没有出现过，其他的教派都认为自己的教派掌握着这个世界上所有的真理，不同的见解都是愚钝错误的。就像是一个行走在大雾中的人，他看前方和远方的人，觉得他们都沉浸在雾气之中，他看后面和两边田野中的人也觉得他们坠入了雾里，可是他却可以清晰地看到他身边的事物，可事实是他同他所看到的坠入雾中的人一样。近几年越来越多的教友会的教友都选择辞去在州议会和政府中的工作，为了不让自己违背自己的原则而陷入进退两难的境地，他们宁愿放弃自己的权利。

3. 新发明的火炉

  如果按照时间顺序的话，下面这件事情早就应该叙述了。1742 年，我研究出了一种新的火炉，这个火炉温暖房间的效果非常好，因为空气进去炉子后被快速烘热，所以也节省燃料。后来，我做了一个模型送给了我的一个老朋友劳勃脱·葛莱丝。他是一家翻砂厂的老板，随着买这一种火炉的人不断增加，他就发觉制造这种火炉的铁板可以收获丰厚的利润。为了更好地推销，我特意撰写并发表了一本小册子，名为《宾夕法尼亚新型火炉说明书》，对它的构造和使用方法加以说明，论述其优于其他取暖方式的地方，推翻了一切反对使用这种火炉的言论。这本小册子取得了非常好的效果，书中介绍的火炉构造得到了汤麦斯州长的大力赞扬，他甚至提议说在几年内为我取得专卖权，可是我并不想得到这个权利，针对这件事情我一直有自己的原则：其他人的发明给我们的生活带来了极大的便利，那我们也不应该吝啬于自己的发明，并且我们也应当要大方地共享我们的发明以便利他人。

  但是，一个来自伦敦的铁器商人从我的作品中盗取了许多有用的东西，然后将它改造成他自己的作品，这中间只做了一些小小的变动，这些改动仅仅是降低了火炉的功效，利用此项技术，他在伦敦获得了专利，听说他还因此获得了一笔钱。他人窃取我的发明专利并不仅仅这一个例子，尽管有时候他们并不像前者一样获得成功，但我从来不与他们争论，因为我知道自己并不想利用这些专利获取金钱回报，而且我也不热衷于与人争斗。改良火炉的普遍推行，让宾州，以及附近殖民地的居民节约了大量的柴火。

十三 肩负的社会事务与职责

1. 开办学院

　　战争已经结束，团练工作也随之停止了，我再次萌生了开办学院的想法。首先，我邀请了一些热衷此事的朋友将这个想法付诸实践，这些人中有很大部分是"密社"的成员；其次，我编写并出版一本小册子，称之为《有关宾夕法尼亚青年教育的建议》。我将这本小册子免费分发给较有身份的居民，一段时间后，等他们将小册子读完，在思想上有了一定的进步并做好准备时，我就开始为这所学院的成立和运转募捐，我告知居民，捐款可以在五年内分五次缴纳，我认为采用这样分期付款的方法，可以募捐到更多。若是我没有记错的话，事实与我所预料的一样，募捐所得总和不少于五千镑。

　　在所作计划的序文中，我并未把它们据为己有，而是归功于一些爱国的仁人志士。我做事的原则，向来是尽可能地避开自己成为公众的焦点，被当作慈善事业的发起人而闻名于众。

为使这个计划尽快顺利地实现，捐款人从自己所在群体中选出了 24 个人作为学院的理事，还委托我和当时的首席检察官法兰西斯先生来为这个学院建立一个组织的章程。随着时间的推移，这个章程拟订好了，学校的校舍也租下了，相关教师也聘来了，万事俱备，我记得学校在 1749 年就开始招生了。

学生的人数越来越多，旧有的校舍很快就供不应求，我们也开始物色地理位置适中的地皮，计划增建校舍，正在这时，万能的上帝突然将一座现成的大楼赐给了我们，并且只要对其进行小小的改动，就可以用作校舍。这座大楼就是前面提到的怀特菲尔德先生的听众们集资修建的大教堂。以下是我们获得这座大楼的前后经过。

因为修建这个大教堂的资金来自众多不同教派的人，因此在选举接管这所大教堂的理事时，他们不许任何教派独占鳌头，就是为了今后有人想利用这个地位，不顾兴建这座大教堂的初衷，将它的使用权单独给予一个教派使用。秉承公平的原则，他们采取每一个教派均派出一人担任理事的方法，即一人来自圣公会，一人来自长老会，一人来自浸礼会，一人来自弟兄派，以此类推。一旦因为理事去世而有空缺时，理事会就可以从捐款人中选举一人来补充。如果逝去的弟兄派理事与其他理事不和睦，在他去世后理事会拒绝选举弟兄派的人担任理事了。如此操作的话，问题来了，我们选举时如何避免出现一个教派同时有两个人担任理事呢。

理事会提名了几个候选人，但依据上述所提的选举原则，发现他们并不合适，这时候，有人推举了我，他认为我是个诚信的人，不参与任何教派，这个理由一下子让其他理事也十分信服，于是他们选择了我。早前修建大楼时的热情已经无影无踪，理事会无法找到其他的捐款渠道来支付地租和大楼的有关债务，因此，他们十分彷徨。如今的我担任着两个理事会的理事，分别是大楼的和学院的，于是我拥有了一个很好的时机跟这两方面协商，最终双方终于商量出了一个协议。依据这个协议，大楼的理事将这个大楼转让给学院的理事，由学院的理事承担遗留下来的债务，并且答应依从兴修该楼的本意永远在其中划分出一大间房间任由传教士使用，同时开办一所免费招收贫困学生的学校，就这样，双方签订了合同，学院理事会偿还完债务以后，就接手了房产。后来，这栋宏伟的大楼就被我们分成了两层，每一层又隔成若干间教室。我们又另外购置了一些地，与先前的大楼合在一起就满足我们的需要了。学员们住进了这栋大楼。与之相关的一系列工作，如跟工人签订合同，购置物品和监督建设工程进度等都由我来完成，不过我还是很喜欢做这些工作的，尤其是因为他们并不耽误我自己的事务，这得益于在一年前我跟一个十分有能力的、勤劳诚信的伙伴大卫·荷尔先生的合作。在此之前，他给我做了四年的帮手，因此我非常熟悉他的性格。他负责安排印刷铺的所有工作，让我可以有些许闲暇，并按时将铺子应付的利润付给我。这样的合作持续了十八年，我们双方都获益匪浅。

一段时间以后，学院理事会从州长处获得了一张执照，他们形成了一个社团，同时又获得了来自英国的捐款，来自地主的土地。因此，理事会的经济力量增强了，到现在为止，州议会也捐了许多。今天的费列得尔费亚大学就这样建成了，从开始到现在，我一直是理事之一，已经接近四十年了。我目睹了很多年轻人在这里接受了教育以后，凭借着他们出色的才华，闻名于世，成了国家的有用之才，为国家作出了巨大的贡献，我对此感到十分自豪。

就像上面所说的，我不再经营个人的业务，那时候我认为自己已经拥有了一份足够的资产，虽然数目不是很大，但是已经能够支撑我在余生里从事哲理的研究，安然度过晚年。我添置了斯宾斯博士的所有仪器。斯宾斯博士来自英国，到这里来是为了讲学，我十分迅速地投入了电学试验。如今，人们以为我是闲人，因此就让我为他们服务，政府各部门全都指明了需要我去帮忙。州长给了我一个治安推事的官职，市政府让我担任市议会议员，很快再次选我做市参议员，全体人民推选我担任州议员，让我在州议会中做他们的代表。我特别喜欢最后的那个职位，原因是一直以来，我总是听别人辩论的旁观者，对此我感到十分厌烦。担任州议会的秘书，我是不被允许参与到辩论中的，而且这些辩论冗长且无聊，我就在纸上画画数字方阵表、圆圈或是其他的东西来打发时间。与此同时我当了州议员，与之前相比，我可以作出更大的贡献。我并不是对所有的荣誉和赞美毫不关心，那时，我感到很光荣，想到我卑微的出身，能取得这些成绩是值得庆祝的，这些职位意味着社会舆论对我个人的一种认可，我感到特别欣慰，这一切都不是我投机取巧得来的荣誉。

我慢慢接触了一些治安推事的工作，我参加了几次开庭，同时也经历了开庭听人诉讼，可是长久下来，我发现要完成此项工作，对于我这样一个仅仅识得一点法律的人来说是远远不够的，于是，我慢慢地推掉了这一个职务，我的理由是我不得不在州议会中执行议员的其他更加关键的任务，我每年都被推选为州议员，这样的情况持续了十年之久，我从来不要求任何人推选我，也从来不以任何方式表达我想要当选的期望。我担任州议员的时候，我的孩子担任州议会的秘书。

2. 嗜酒成性的印第安人

就在第二年，在卡莱尔，我们即将跟印第安人举行谈判，州长将咨文送到州议会，并希望州议会从议员中抽取几个人，与参事会中的部分参事一起形成谈判委员会。州议会选出了我和州议会议长（诺利斯先生）两位，于是，我们就到达了卡莱尔，并在此接待了印第安人。

由于印第安人嗜酒成性，特别是他们醉酒后，就变得十分放肆和吵闹，因此我们定一个硬性的规定，就是严禁将酒类出售给印第安人。在他们因为喝不到酒而大发牢骚时，我们跟他们这样承诺，若是他们能够做到在谈判时间中滴酒不沾，在谈判结束后，我们就会给他们许多朗姆酒。他们同意了，并且遵守了约定，由于没有酒精的刺激，谈判进行得十分顺利，双方对结果也很满意。在谈判之后的下午，我们就如之前承诺的那样给了他们大量朗姆酒。他们男女老少总共大概有一百人，挤在城外排成四方形的临时木屋中。傍晚来临时，我们能听到他们嘈杂的声音，出于好奇，我们就来到城外看个究竟。我们看到了这样一幅景象：四方形中间燃着一个大篝火，印第安人男女老少都喝得酩酊大醉，他们半裸的身躯，在暗淡的篝火中若隐若现，他们相互追打，拿着火把扭打在一起，还不断发出各种尖叫，透过这种情景，我们仿佛看到了我们想象中的地狱。吵闹一直持续着，后来我们回到了住处。在半夜的时候，有几个印第安人跑来拍打我们的房门，声音像打雷，他们想要拿到更多的甜酒，而我们选择了无视的态度。

到了第二天，他们意识到了错误，因为他们打扰了我们，因此就让他们的三个酋长来给我们致歉。他们承认了错误，但他们认为，完全是甜酒导致了错误的产生，然后就设法宽宥甜酒，他们是这样说的：造物主既然创造了万物，那就想让万物发挥自己的作用，由于造物主赋予了某一事物具有某一用途，那就不需要关注这个事物的用途是什么，只需遵循这个用途来使用此物。神造出甜酒的时候，就规定了"这个甜酒是给印第安人醉酒用的"，因此我们只需要遵守造物主的旨意就可以了。是的，如果造物主的意愿是消除这些土著人，为开垦者开拓更多的土地，由此看来，甜酒就是神采取的消灭他们的手段了。毕竟它已经成功清除了之前沿海一带的土著居民了。

1751 年时，我的好朋友托马斯·庞德医生打算在费城开办一所医院，这是一个出发点良好的计划，有人认为这个主意是我想的，但其实最开始的时候是他提出的，可以收留和医治贫苦的病人，本州居民和外地人都在医治范围之内。他热心而又主动地为这一想法筹集捐款，可是由于这一想法在美洲地区属于一项创造性的举动，最开始人们都不了解它，所以他的付出收到的效果并不显著。

后来他来到我这里，奉承我说，他认为要完成一项公益事业的谋划，少了我的参与就办不成。他说："当我寻求别人的捐款时，他们经常问我：'你和富兰克林商量过这件事情没？他有什么看法？'在我回答他们还没找你商量的时候（由于我认为你并不擅长这种事情），他们就不愿意向我捐款，仅仅是说他们会考虑一下。"我向他咨询了这项筹划的性能，以及潜在的作用，并对他的回答表示十分认可。我不仅自己捐了款，还打算找别人集资。可是在找人集资之前，为了让人们在思想上有所准备，我想办法在报纸上发了关于这一想法的文章。在这类事上这本来是我惯常的一种做法，可是他却没有意识到这一点。

　　之后大家的捐款就比之前积极了，可是没多久捐款就变少了，我意识到如果州议会不给予支援，仅仅依靠捐款是不行的。所以我建议向州议会申请补贴，之后我们也确实这样做了。开始的时候作为乡村代表的议员们并不赞同这项计划，他们提出反对意见说，这个医院仅仅对城里人有好处，所以应该让城里的市民集资来筹办。而且他们也不确定大多数的市民是否支持这项计划。而我和他们的想法迥异，我觉得市民们会喜欢这项计划，而且坚信我们可以募集到两千镑的捐款。他们觉得我的这个想法是异想天开，绝对不可能实现。

　　我的想法正是构筑在这样的基础上的，我恳求我的这个提案被州议会通过，依据捐款人的需要将他们凑成一个集体并提供一定的补贴。州议会同意或者提出这项提案更多的是由于他们认为如若州议会不赞成，就可以拒绝这项提案。我将最主要的条目当作一项条件提议，即"经本议会决定，如果上述捐款人集合在一起，推选出主事，以及主管财务的人，筹集到一定数额的资金（年息用来为贫苦病人提供免费食宿、护理、治疗和药品），并向当任的州议会议长提供出适当证明的时候，议长应当据法签署通知州司库交付以上医院两千镑的钱款，两年交付完结，一年一次，用于筹办、修葺和装修"。

　　由于这项条件，该议案被通过，由于之前拒绝拨款的议员现在觉得他们不花费一分一毫就能赢得慈善家的美誉，因此就同意了这项提案。之后，当再找人们捐款的时候，我们就向他们特别说明这项有前提的允诺，让人们更愿意参与捐款，因为每个人的捐款都将翻倍。如此这项附加条件起到了双方面的作用。所以没过多久捐款的总额就超过了所需的限额，我们提交证明且得到了政府的补贴，使我们得以践行这项计划。没过多久，一座既舒适又美观的大楼就建成了。以往的经历证实这所医院是有好处的，直到现在它还发挥着作用。根据我所有的记忆，穷尽我一生的政治策划生涯，没有任何一件策划的成功能比得上这事件的成功带给我的成就感，或者在事后想起的时候，可以这样轻易地让我宽恕自己当时使用了这样一个小小的策略。

　　大概在这个时候，另一个首倡者吉尔柏特·檀南特牧师来看我，请求我帮忙为建造一座新教堂进行集资，这座新教堂将供他手下的元老级教友占用，他们本来是怀特菲尔德先生的信徒。我断然反对他的恳求，由于我不想如此反复地找市民集资，招致他们对我的不满情绪。之后他又让我给他开出一张名单，写下那些在我的经验中认为是乐善好施、积极参与公益的人的名字。我觉得在他们好意地应允了我的恳求，参与捐款之后，我反而指认出他们，让他们陷入其他募捐者的纠缠，那我就成了一个不讲道义的人，因此我不同意给他提供这个名单，之后他请求我多少给他一些建议。"我很乐意做这个"，我说，"第一，我建议你先找那些你觉得肯定会捐款的人募捐。第二，找那些你不确定愿不愿意捐款的人募捐，并给他们看那些已经捐了款的人的名单。第三，也不能忽视那些你坚信绝对不会捐款的人，因为你可能并不了解其中的有些人。"他微笑着跟我致谢，说他乐于接受我的建议。他确实按照我说的做了，他找每一个人参与募捐，最后他募集到的总额远超他的预期。他使用这项集资建造了拱门街那座宏伟而又富丽堂皇的教堂。

3. 对街道的修缮和治理

　　尽管我们的城市规划建造得美丽整洁，我们的街道既宽阔又笔直，而且交互成直角形，但可惜的是这些街道的路面长时间没有得到修整，每当下雨时节，负有重荷的马车轮子将路面踏成泥浆，人们难以前行，晴天的时候路面则是尘土弥漫，人们对此不能容忍。我以前在泽西市场住过一段时间，当我目睹市民们在买食物时脚踏污泥的境况时，心里很不是滋味。

　　之后终于为市场中央的一条长径铺上了砖块，因此市民们一到市场就能走上好路了，可是市场外面的街道还是满地泥泞。关于这件事我和别人商讨过，也曾发表过文章，最终从市场到住宅前面的人行道这一段街道都铺上了石板。在一段时间里，人们终于能不把鞋子弄脏而顺利地抵达市场了。可是由于这条街的其余地段都没有铺上石板，因此每当马车从泥路踏上石板路时，上面的泥土就被震落下来，堆积在石板路上，没过多久石板路上就会沾满泥土，可又没有人去把这些污泥清扫掉，因为当时城里还没有专门清扫街道的人呢！

　　通过一些调查之后，我寻到了一个贫穷勤快的人，他很乐意去清扫街道，每星期清扫街道两次，并且将每户人家大门前的垃圾清走，每户人家每个月给他六便士。之后我就拟了一张传单，并把它打印出来，列举出这一项微不足道的费用可能会给附近的人们所带来的好处。比如，人们脚上带来的泥土少了，家里就能相对变干净了；街道清洁之后，顾客到店里来就更容易了，顾客增加之后会促进商店的营业额等；当刮风时，沙尘不至于刮到他们的货物上，等等。我给每户人家分发一张传单，一两天之后到各家去拜访，看到底有多少家乐于签署这项合同并拿出这六便士。最后每家都签订了合同，在一段时间里这项计划开展得很顺利。全市居民都对市场附近街道的清洁工作感到满意，因为它给大家带来了方便。这就使得人们一致普遍地呼吁修整所有的街道，而且也更乐于为修路而捐款。

过了一段时间，我为给费城铺路草拟了一项提案，并在州议会中提出。这件事情发生在 1757 年，在我刚去英国之前，当我离开美洲之后，才通过了这项提案，但变更了估测税额的方式，我认为这些变更是不合适的，可是通过的提案附加有一些关于路灯的条目，这方面是一项十分巨大的进步。

已经去世的约翰·克利夫敦先生，一个平凡的老百姓，曾在他家门口安装了一盏路灯，如此他就用自己的实际行动证明了路灯的作用，人们在他的事例中最先想到的是在全城各处点灯的想法。有人把开启这项公益项目的荣誉给了我，可是这项荣誉确实是应该给那位先生的。我仅仅是效仿了他的事例，仅仅是在改善路灯的形态方面有一点小小的贡献。我们的路灯不同于刚开始我们在伦敦买的球状路灯。这些圆形路灯的缺陷如下：空气难以从下面进入，所以煤烟难以快速地从上面散开，只能在里面转圈，附着在球的内壁，没多久便阻挡了路灯发出的灯光，并且灯罩必须每天擦拭，假如不当心碰破了，那么整个灯罩就没用了。所以我提议把四块平玻璃拼合在一起，上面安装一个可以让煤烟向上散开的长烟囱，灯下面开出缝隙让空气进入，帮助煤烟向上散开。这样，灯罩便可保持洁净，不会像伦敦的路灯一样，没几个小时灯光就变得暗淡了，路灯能保持明亮一直到天亮。即便不小心碰到了，一般情况下也只是破了一块，再组装也十分容易。

伦敦伏克斯可花园的球形灯下面的小孔让灯罩变得洁净，为什么伦敦的市民就没想到在他们的路灯下面也开几个孔呢？对此我有时感觉很不理解。确实，他们的路灯下面也有小孔，只是这些小孔的作用仅是方便让麻线通过这些小孔垂挂下来，这样可以使火焰快速燃至灯芯。对于让空气进入这一作用，他们似乎还没意识到。所以路灯点上没几个小时，伦敦街上就没一点灯光了。

说到这些进步，我便回忆起了在伦敦时我向福瑟吉尔博士提议的一件事情。博士是我相识的人中最出色的人之一，也是一个杰出的公益事业的开创者。我发现天气晴朗的时候，从没有人去清扫伦敦的街道，任其尘土飞扬，累积起来，每当下雨的时候尘土就化成泥浆，街道变得泥泞不堪，除了通过那条由穷人拿着扫帚扫出来的小路，不可能穿越街道。几天之后，人们花费大功夫将泥浆清扫起来，装进上面敞开着的马车里。可是每当马车在马路上摇晃颠簸时，车身两侧便会颠落出污泥，落在路上，让路人觉得心烦。听说伦敦市民不清扫街道上的尘土的原因，是怕尘土会进入商店和住宅的窗户里。

碰巧发生的一件事情让我意识到原来清扫街道耗费不了多少时间。有一天早上，在我所住的克雷文公寓的门口，我看到一个贫穷的妇人握着一把桦树枝做成的扫帚在清扫我门前的街道，她看起来惨白体弱，似乎是得了一场大病才刚好的样子。我问她是谁让她来清扫街道的，她回答说："没有人雇我，只是因为我贫穷孤苦，奢望在给富贵人家门前扫地时，他们会施舍给我一点钱。"然后我说愿意出一先令请她清扫整条街道。那时已经九点整了，但十二点的时候她就来找我要钱了。开始的时候我见她行动缓慢，根本不相信会这么快就完事。我让我的仆人去看看清扫的状况，他回来说整条街道都打扫得非常干净，所有灰尘都扫进街道中间的阴沟中了。再下雨的时候，尘土便会被冲走，那时不仅是人行道，还有阴沟，都会变得非常干净。

那时我觉得如果一个体弱的妇人能够用三小时清扫这样一条街道，那么一个壮实、行动快捷的男子也许在一半的时间里就能完成。同时允许我强调一下，在如此窄小的街道中，最好是在街道的中间开辟一条阴沟比较方便，而不是在接近人行道的两侧各自开辟一条沟渠，由于当街道上的所有雨水从两侧汇集到中间时，会在中间汇成一股急速的水流，力量强大到足以冲刷掉它能碰触到的所有污泥。可是假如它分成了两股水流，那么水流的力量太弱，难以冲刷掉两侧的污泥，只是让它碰触到的污泥更稀烂到不成形，因此便会被车轮和马脚溅到人行道上，这样人行道就会变得污秽泥泞，偶尔泥浆也会被溅到行人身上。我那时给这位善心的博士提出了以下建议：

> 为了更加有效地清扫和维持伦敦及威斯敏斯特的街道，我提议聘用一些看守人，在干旱时节清扫尘土，在多雨时节清除泥泞，让每个看守人负责巡视几条街巷。他们需要准备扫帚，以及其他的清扫工具，放置在规定的地方，方便他们聘用的穷人用这些来清扫街道。

在干燥的夏天，赶在一般商店开始营业的时间和住户打开窗子的时间之前，间隔合适的距离，把垃圾堆成一堆，清扫街道的人会用密闭的车子把它们运走。

拢积起来的尘土不能堆放在街道上，以防车轮和马脚再把它们散出去。清扫街道的人需要准备一定数目的车辆，车身不能高高地安装在车轮上，应该低低地安装在滑盘的位置上面。车底以格子的形式建构，上面铺上稻草，能够容纳倒进的污泥，可以让水分从下面排出去，这样就大大减轻了污泥的重量，因为污泥中的绝大部分重量都来自水。车辆应当安放在距离合适的地方，用手推车把污泥运过来，车子滞留在原处一直等到水分都排干，再用马匹拖走车子。

从那之后，我有些怀疑我的这个提议的后半部分是否具有可操作性，因为有的街道十分窄小，车子停在那里会占据太多地方，阻碍交通，可是我还是觉得提议的前半部分（建议赶在商店营业时间之前清扫完街道并运走所有垃圾）在夏天是可以做到的，因为夏天白天长。有一天早上大概七点钟，我路过伦敦河滨街和佛里特街，发现即使天已经亮了，太阳升起都已经三个多小时了，可是竟然没有哪家店铺开门营业。伦敦的市民一方面宁可在烛光底下生活，在白天睡觉，另一方面却经常埋怨蜡烛税率过高，价格太贵，果真是蛮不讲理啊。

4. 汇聚成人类幸福的小事

或许有些人觉得这类鸡毛蒜皮的小事不值得留意或者作以陈述，正如刮风时风沙吹入某个人的眼睛里或者是吹进一家商店里是件小事一般，可是他们一旦意识到在这个居住有庞大人口的城市里，千千万万的市民和店铺正在承受着风沙的侵袭，而且这些侵袭反复无常，他们便会认为这是一件要紧的大事，或许他们便不会过分地指责那些关心这些小事的人了。汇聚成人类幸福的往往是每天发生在我们身边的小便利，而不是难得一遇的大幸运。假如你让一个贫苦的年轻人学会自己修理自己的脸，养护他的剃须刀，你对他的毕生幸福所做出的贡献或许比直接给他一千金币的作用都大。钱财也许没多久就会被花光，徒留下没花在合适地方的悔恨。可是如果让他学会了修理自己的脸，他便能够免予经常等待理发师的麻烦，免予忍受理发师有时肮脏的手指，让人感觉不适的呼吸，以及他变钝了的剃刀。他能够在自己最方便的时间修理自己的脸，每天都可以沉浸在用锋利的剃刀修理脸面的快感中。在这种思维的控制下，我冒失地写下了前几页的内容，期望里面能有一些启示性的内容。这些内容也许对我所爱的城市（我已经在这里愉快的居住了好多年了），或许对我们美洲的其余城市也有借鉴价值。

在一段时间里美洲邮政理事任命我作为他的会计审查员，管辖几个邮政分局并且督促邮局里的职工。1753 年他去世的时候，英国的邮政总理事任命我和威廉·罕特为美洲的邮政总理事，接任他的职位，在这之前美洲的邮局没向英国的邮局上缴过任何东西。我们两个人的薪水是每年六百镑，如果我们能从邮局的利润中凑足这个数目的话。要想实现这个目标，我们需要做很多改进的工作，这里面有几个项目在最初肯定会耗费很多钱，因此在开始的四年里邮局拖欠了我们高达九百多镑的工资。可是没多久邮局就能结清拖欠我们的工资了。当英国政府的大臣们异想天开地免除我的职位时（我今后还会提到这件事），我们早已让它给英国政府缴纳的净利润比爱尔兰缴纳的多达三倍。自从他们自以为是地免除我的职位之后，他们再也没拿过一分钱。

邮局的事务让我这一年去新英格兰旅行了一趟。位于新英格兰的剑桥大学主动地把文学硕士学位赠予了我。耶鲁大学曾经也赠予我一个相似的学位。尽管我没有接受过大学教育，却获得了这样的荣光。之所以授予我这些学位是因为我在物理学和电学方面有一定的改进和发明。

十四　拟订成立联邦的计划

　　1754 年又面临和法国发生战事的危险，事务大臣下令各个殖民地的代表们到奥尔巴尼召开代表大会，和印第安人"六个民族"的酋长一同商榷防卫各自边境的问题。当哈密尔敦州长接到这个命令以后，立即告知州议会，请州议会准备合适的礼品以在召开代表大会时送给印第安人。州长建议由我、议长诺利斯、托马斯·潘先生，以及彼得斯先生组成宾夕法尼亚代表团。州议会批准了这个名单，准备了礼品，尽管议员们不是很赞成到宾州之外的地方举行谈判。大概六月中旬，我们和其他地方的代表团到奥尔巴尼集合。

　　在去开会的路上，依据国防和其他重要协同事业的潜在需求，我草拟了一项计划，将各个殖民地聚集在一个共同政府下。在我们路过纽约的时候，我给詹姆士·亚历山大先生和坎纳德先生看了我的计划，他们两位在政治方面非常有研究，他们的认同让我有了信心，于是我勇敢地在代表大会中提出了我的计划。那时似乎好几个代表都制订了这样的计划。我们最先商讨了一个至关重要的问题：到底应不应该建立一个联邦政府？我们全部认为应该建立联邦。之后我们就确定了委员会，商量关于联邦的种种计划和报告，决定由每个殖民地各抽派一名委员组成委员会。委员会正好选定了我的计划，之后经过一些改动，我的计划便被申报给州议会商讨通过了。

依照这个计划，联邦政府由总统一个人管理，由英国国王委派且接受英国国王的管制。各个殖民地的州议会代表选出内阁成员。在代表大会期间，代表们一方面商讨着印第安人的事务，另一方面又商量着这项计划。代表们的意见多有分歧，但最终还是攻克一切难题，通过了这项计划，并且将计划的抄本寄给了事务部和各州的州议会。这项计划的结局是相当奇妙的：各地的州议会反对这项计划，由于他们都觉得联邦政府的权力太大了，可是英国人却觉得这个联邦政府很民主，所以委员会不认可这项计划，也没有申报给英国国王请求批准。有人提交了另一项计划，据说它更贴近要求，依照这项计划，各州州长和一些委员一起商讨练兵和建造炮台等事情，需要的经费由大不列颠国库支付，之后通过议会向美洲的殖民地征收赋税来补偿。我的计划和支撑此计划的缘由在我已经发行的政治论文中能够找到。

那年冬天，我常和瑟力州长在波士顿商量这个计划，关于这个问题的一些谈话内容也能在我的政治论文中找到。人们通过迥异的缘由来反对我的计划，这让我觉得它是一个相互妥协的办法，直到此刻我还觉得如果那时我们接受了这项计划，那么将对大西洋两岸都有益处。依照这项计划联合各个殖民地，那么殖民地必定可以具备充足的自我防卫能力，这样就不必依靠英国的军队了，之后也就没有再向美洲收税的借口了，也可以免除由征税而导致的流血战争。可是这类错误也不是仅此一例，历史上发生过很多类似这样由国家和国王所导致的错误。

环顾四海，能清楚分辨自身利益的人，或是看清以后可以奋起直追的人是多么少啊！

掌管政事的人，由于政务繁杂，通常都害怕麻烦，不愿意思考或者是实施新的计划，所以大部分出色的议案不是通过审慎思考而被接受的，而是因为形势所逼被迫接受的。

宾夕法尼亚的州长将我的计划提交给了州议会，在他看来这个计划见解透彻，很有道理，也有一定的依据，所以值得州议会对其进行最细致的考量。可是其中一个议员运用了一个十分狡猾的计策，在我碰巧没有出席的时候，让州议会商讨了这项议案，并且都没有加以考虑就敷衍了事地否决了它，我不仅觉得这种伎俩上不了台面，很卑鄙，而且对于结果感到非常可惜。

十五　与州长的争议

　　这一年在去波士顿的途中，我在纽约碰见了我们新上任的州长莫里斯先生，他刚从英国来到这里，从前我们私交甚好。他受命来接替哈密尔顿先生。哈密尔顿先生由于上级训令的束缚而不免会与州议会产生争论分歧，他对这些很厌倦并决定辞职了。莫里斯先生询问我，依照我的看法他是否会如上一任州长那样感到境遇艰难，事情难以办成。我回答说："不会的。假如你不和州议会发生争执，那么你的境况就会很顺利。"他愉悦地说："我亲爱的朋友，你怎能劝告我不去争辩呢？你是了解的，我乐于和别人争辩，这是我毕生最大的快乐。可是为了表明我接纳你的建议，我跟你保证我会尽量不和别人争论。"他喜欢争论，也并不是没有缘由的，由于他能说会道，是一个聪明的辩论家，所以在争论中通常会获得胜利。他在这方面从小就接受了严格的训练，听说他父亲吃过饭后就坐在桌边，经常让他的孩子们把互相辩论当作娱乐，可是我觉得这不是聪明的做法，因为依照我的观察，那些爱好争论、辩解和驳斥的人在工作中通常是不走运的。即使有时他们得到了胜利，人们却总会憎恶他们，收获别人的善意远比获得胜利更有好处。我们分开后，他出发去费城，我去波士顿。

回来的路上，我在纽约见到了州议会的议案，根据这些议案来看，虽然他和我保证过，但他和州议会的关系明显已经恶化了，在他担任职位期间，他和州议会总是针锋相对，持续抗争着。我也参与了这场抗争，当我刚回到州议会，他们便要求我去参与各个委员会，对他的演讲和公文进行驳斥，并且他们总是让我草拟这类文件。我们的回复，以及他的公文通常十分刁钻恶毒，甚至有时是粗鲁的咒骂。他深知是我替州议会写的这些回复，所以人们或许觉得当我们会面的时候，不免要激烈地争辩一番。可是他实际上是一个耿直而善良的人，因此我们不会因为这些纷争而起嫌隙，反而经常一起去吃饭呢！

某天午后，我们在大街上遇见了，而这时正值我们关于公务的争辩达到顶峰。他说："富兰克林，我邀请你去我家度过一个晚上，一些朋友会来，我相信你会喜欢他们的。"他拖着我的胳膊把我拉他家去了。吃过饭后，我们一边喝酒，一边快乐地聊天，他逗乐儿地和我们说，他十分喜欢桑绰·潘查的观点，有人建议他去做国王的时候，他要求请他去管制黑奴，这样一来，假如他和他的人民有分歧的时候，他就能卖掉他们。一个挨着我坐的他的朋友说："富兰克林，你为什么总是袒护那些讨厌的教会会友呢？你卖掉他们不是更好吗？我们的业主很乐于出高价来买呢！"我说："他们还需要被州长涂得更黑点呢！"他的确想方设法地在他全部的公文中想将州议会抹黑，可是每当他刚涂上，州议会就立即将它擦去，并且将它还回去，抹在他脸上，因此在他发觉似乎是自己要变成黑人的时候，和哈密尔顿先生一样，他也非常厌恶这些争论，便辞职了。

　　这些关于公事的争论实际上是因为那些私人业主，即我们世代相袭的州长，每当需要他们承担为他们保卫领地而所需的费用时，他们的吝啬简直让人难以置信，他们勒令承办人不能通过必须缴纳税收的议案成为法令，除非在法令中明确写明让他们的巨额财产免予交税收，他们甚至让他们的承办人向他们的训责做出保证。州议会连着三年都严词拒绝了这种不正义的举动，尽管最终它还是不得不妥协了。最终，接任莫里斯州长的田尼上尉敢于反对实施这些训令了。我会在下文描述这件事的来龙去脉。

　　可能我说得太快了，把中间环节给落下了，在莫里斯州长任职期间，还有一些事情值得一提。

　　某种程度上和法国的战事已经打响了，马萨诸塞州打算攻打王冠岬，委派昆瑟先生到宾夕法尼亚，鲍纳尔（之后做了鲍纳尔州长）到纽约去请求支援。由于我身为州议员，了解议会的事项，还是昆瑟先生的老乡，因此他就想借我的身份来帮助他。我向他亲口教授了州议会发表的演讲，反响非常好。州议会同意资助一万镑来采买粮草，可是州长不批准州议会的提案（这项议案包含有这笔资助款项，以及其他应给英王的补贴），除非在提案中加上一条，业主的财产免缴一切应缴的税。尽管州议会渴望他们通过对新英格兰的资助提案，可是不知道该怎么办。昆瑟先生设法说服州长通过这项提案。

　　当时我想到了一个方法，没有州长也能做到，那便是开贷款局理事的汇单，依据法律，州议会拥有开这个单据的权力。实际上那时贷款局没多少存款，所以我建议在一年内兑现这些汇单，而且支付一定的利息。我认为有了这些单据也许会很顺利地买来粮草，的确州议会没有一丝犹豫就接受了我的提议。这些汇单随即就被印发了，并且我是指派签署，以及推销这些汇单的委员中的一个。

　　收回这些单据的费用是那时整个州货币贷款的利息和消费税的收入，众所周知，用它们来收回汇单是有盈余的，所以马上就取得了民众的信任，它们不仅用以支付采买粮草的费用，还有很多手上存有一些用不着钱款的有钱人，也将这些闲钱投资到这些汇单上。他们发觉这种投资是有利可图的，因为持有这些汇单会有利息，不管什么时候它们都可以作为现金来使用，因此它们被抢购一空，只用了几个星期。这样，借助我的办法，这件大事做成了。在他写给州议会的颇有文采的记事录里，昆瑟先生向我道了谢，回家的时候因为完成了自己的使命而感到非常兴奋，而且从这之后和我的友谊更加真挚深厚了。

十六 布拉多克将军

1. 拜访布拉多克将军

英国政府不同意各个殖民地依据奥尔巴尼的提议进行联合，也不肯让这个联邦政府组建自己的国防，害怕殖民地的武装会由此变得太强大，进而意识到自己强大的力量。这时英国政府早已对各个殖民地满怀猜疑和嫉妒，所以委派布拉多克将军，以及两个联队的英国正规军漂洋过海到美洲来当防卫军。布拉多克将军在弗吉尼亚的亚历山大里亚港进入陆地，从这里进军马里兰的弗雷德利敦，他在这停下了脚步，等待车辆的到来。我们的州议会听说他对州议会有强烈的不满，认为州议会反对他的部队，因此派我以邮务总长的身份，而不是用议会的名号去拜访他，佯装和他商讨，用最快最安全的方法给他传递与各州州长的通信，因为他肯定会继续保持和他们联络。各州州长提议让他们承担邮费，这一次儿子和我一起去。

我们在弗雷德利敦见到了这位将军，他非常不耐烦地等着副官的返回，将军让副官去马里兰的各个地方和弗吉尼亚的边境地区找寻车辆。我和他待了好几天，每天一起吃饭，有大好的时机消除他对州议会的全部不满，我告知他为了帮他打仗，州议会在他来到这之前所做的事情，并且此刻也乐意通力协作。在我正好准备离开时，有人送来了收集到的载货马车的统计数目，似乎只找到了25辆车，并且其中有的竟还是破破烂烂的。将军和他的副官惶恐地不知道该怎么办，觉得这次征战肯定不行了，因为没有车便没办法行军，他们谩骂英国政府愚不可及，竟让他们在缺少运载粮草行李等工具的地方登上陆地，因为他们需要至少150辆载货马车。

正好我说了一句他们竟不在宾夕法尼亚登陆，那里基本上每户人家都有载货马车，那位将军立即被我这句话吸引了，他问道："先生，您在那地方是一位有威望的人，或许您可以帮助我们想办法找到这些车辆，我请求您帮我办这件事。"我询问他能给马车主人多少酬劳，他便让我在纸上写下我觉得合适的数目。我就这样写了，他同意了酬劳的数目，之后立即备好了委任书和公文。我刚到兰加斯德立即就发了个广告，在广告中能看到这些酬劳，此广告产生了巨大而迅速的反响，因此看起像是一个有意思的文稿，我在这里把全文插入进来。原稿如下：

广 告

1755年4月26日，兰加斯德

因英国国王陛下的军队即将汇集于威尔港，现需150辆载货马车，每辆车需配备4匹马，还有1500匹鞍马或驮马，布拉多克将军委托我拟定揽用以上车马的合同文书，我特此通知，从今天起到下周三晚上我会待在兰加斯德办理这项事务，从下周四上午到周五晚上我会在约克办理。在这两地租赁车辆、牲口队列或单个马匹的酬劳如下：

匹配有四匹好马和一名驾车夫的马车，每天给每辆车支付 15 先令，备有一个驮鞍或者其他马鞍和装备的强壮马匹，每天给每辆车支付两先令。没有配备马鞍的强壮马匹，每天给每匹马支付 18 便士。

各种车马的租赁费用一概从加入威尔港军队那天开始计算，车辆和马匹一定要在下个月（即五月）二十日之前到威尔港军队报到。除了拟定好的租金费用之外，对于旅途往返所需的必要时间也会提供适当的贴补。

每辆马车和牲畜联队，每匹鞍马或驮马都由我和其持有者一同择定的公证人员对价格进行估定，如果任何一辆车辆、牲畜联队或者马匹在军队服役期间丢失，将会按定价赔偿。

在订立合约时，如果有必要，持有者可以在我这里预先领取 7 天的佣金，其余欠款将由布拉多克将军或者军需官在解除雇佣时或者依照需求在其他时间结清。

人或照看租用马匹的马夫无论在何种情况下都不会被命令去担任士兵的职务或者其他照看马车之外的工作。所有通过马车或马匹运到军营里的燕麦、玉米或者其他饲料，除了饲养马匹所必需的之外，一律由军队依照合适的价格进行购买，以备军队使用。

备注——我的儿子威廉·富兰克林有权利和任何人在昆布兰郡订立这类合约。

本·富兰克林

通告兰加斯德、约克，以及昆布兰郡市民书

朋友们、同胞们：

几天前我碰巧到弗雷德利敦军营去，发觉那位将军和军官们由于马匹和车马的缺少正感到十分恼怒。他们原本认为宾夕法尼亚州是很有实力的，期望他的居民能够供应这些方便，可是因为我们的州长和州议会在意见上存在分歧，我们不但没有提供资金，也没有为其提供其他帮助。

有人建议立刻委派一支武装军队深入本州各郡，依照需求强行占有所需要数量的优质车辆和马匹，并且强行征集所需数目的居民加入军队，用来驾驭和照看车辆和马匹。

我害怕英国士兵怀揣这样的目的深入本州各郡，尤其是想到他们此刻的恼怒，以及他们对我们的愤恨，将使居民们承受很多不幸，所以我愿意不惧艰辛，尝试运用公正合理的办法来解决问题。本州边境地带的居民近来向州议会诉说他们缺乏货币的苦恼，此刻你们便有这样一个机遇能够取得和共享一个庞大数目的钱款。因为如果为这次征伐服役持续120天的话（看起来它一定会持续到这一天），那么租赁这些车辆和马匹的费用将会超过30000镑，他们会用英国国王的货币来支付这些佣金。

这种服役轻松又简单，因为这支部队一天20英里路都走不了，由于它们所运载的物资密切关系着军队的福祉，这些载货的车辆和托运行李的马匹必须要跟着军队走，但不可以走得过快，而且为了军队，不管是行军途中还是驻扎营地时，这些车马通常都要安放在最稳妥的地方。

假如你们真如我所想的那样，是英国国王陛下仁善又忠

诚的子民的话，此刻你们就有一个表忠心的机会，而且这件事你们做起来一点都不困难，如果是由于你们忙于耕种而没办法独自提供一辆马车、4匹马和一个驾车的人的话，三四户人家凑在一起也可以，一户人家提供车，另一户人家提供一匹或者两匹马，再有一家提供驾车夫，然后你们可以根据提供东西的比例来领钱。当面临提供给你们的如此丰厚的报酬和合理的条款，你们还是不愿意自愿为你的国王和国家尽忠的话，你们的忠心将会受到强烈的质疑。国王的事务一定要完成，这么多英勇的武士从那么遥远的地方赶来保护你们，绝对不能因为你们在那些被赋予期待的事情面前的退缩而不作为。车辆和马匹是必需的，所以他们或许会使用暴力措施，那时你们将会孤立无援地寻求赔偿，并且或许没人会为你们的境况感到可惜和遗憾。

这件事不关乎我的特别利益，除了能满足我致力于做善事的心愿之外，我也仅是费心出一些力气罢了。如果使用这种方法还是不能够成功地得到需要的车辆和马匹，我有义务在两周内告知那位将军，我估计骑兵约翰·圣克莱爵士会带领一支军队立即进入宾夕法尼亚达成目的，那时我会很遗憾听到这些，因为我是你们非常真诚的伙伴和祝愿者。

本·富兰克林

2. 送给军官的礼物

我收到了将军的总额大约800镑的钱款，以分发给想要预支租金的马车主人等，但是这项钱款的总额并不充足，我自己又预支了两百多镑，两周之内 150 辆马车，以及 259 匹载货的马朝着军营的方向行进了。广告上本允诺一旦马车和马匹有损失会依据估价来支付赔偿，可是车马的主人提出他们不认识布拉多克将军，或者不知道该不该相信他的允诺，坚持让我为这件事担保，我顺应了他们的意愿。我怜悯他们的境况，当我在军营里和丹巴上校军团的军官们一起吃晚饭的时候，上校向我表达了他对部下的忧虑，他说部下们都不富裕，在这个国家，在需要穿过荒地的长途跋涉的征途中必需的物品陈列在商店里，他们却买不起。我怜悯他们的境况，下定决心致力于进行一些救济。然而我没有向他透露我的想法，但是第二天一早我就致信有权分配公共钱款的委员会，热心地向他们介绍军官们的处境以待考虑，建议应该给他们供应生活必需品和点心。我的儿子，曾经有过一些军旅生活的经历，依据这些帮我列了一张清单，我把它附到了我的信中。委员会通过并使用了这个建议，由我的儿子运送这些货物，马车队到达军营时，货物也到了。总共有 20 个包裹，每个包裹里有：6 磅方糖，1 块格洛斯特奶酪，6 磅优质黑砂糖，优质牛油 1 桶（含 20 磅），1 磅优等绿茶，1 磅优等武夷茶，两打马德拉白葡萄酒，1 磅上等的磨好的咖啡粉，两加仑的牙买加酒，6 磅巧克力，1 瓶芥末粉，50 磅的优质白饼干，两只优质火腿，半磅胡椒粉，半打腌舌，一夸脱的优质白酒醋，6 磅米，6 磅葡萄干。

这 20 个包裹，被打包好，装在 20 匹马上，一匹马驮运一个包裹作为一个礼物送给每个军官。他们非常感谢能够收到这些，两个团队的上校都用非常感激的话语写信给我，致以谢意。将军也非常满意我替他收集到了车马，乐意把我垫付的那部分还给我，反复地感谢我，并且请求我进一步地协助他供应补给品，我承担了这项任务，并且忙于这件事直到听闻他打败仗的消息，我用自己的钱为他垫付了至少 1000 镑，我把账单寄给了他，在开战的前几天账单到了他的手里，对我来说真是幸运，他即刻把汇单寄给了我，让军需官按照命令支付给我 1000 镑，将余款计入下一次的账单，我觉得可以拿回这笔欠款真是幸运，也从来都没有期望可以拿回余款，这件事我稍后还会提到。

我认为这位将军是一个勇敢的人，在欧洲的一些战争中很有可能会成为一位出色的将领，可是他过于自负，对于正规军有效性的估测太高，而且对美洲和印第安人的估测又太低，乔治·克罗汉，一位印第安语翻译者，带领一百多人加入了他的军队，假如他好好善待他们的话，他们本来可以作为向导、侦察兵等在军队中发挥极大的用处，可是他却怠慢和轻视他们，因此他们渐渐地离开了他。

3. 将军的秘密行军计划

有一天我和他聊天的时候，他告诉我一部分他的秘密行军计划，他说："攻占了福特杜肯之后，我准备进攻尼加拉。成功之后，如果季节还允许的话，我准备进攻弗兰特纳克，我觉得时间会允许的，因为在福特杜肯不可能滞留三四天以上，之后我觉得没有什么能够阻碍我去尼加拉的行军。"很早之前我就想过，他的军队在行军过程中要经过一条非常狭窄的小路，因此他必须拉长他的行军队列，可是这条狭窄的小路会通过森林和灌木把队伍截断，而且我以前读过，先前一个有 1500 人的法国军队入侵易洛魁人的领地时被打败，所以我有一些疑问，并且对这次进攻心怀不安。我只能冒险地说："那是一定的，先生，假如你带领配备有充足的大炮的如此出色的军队顺利地抵达杜肯，杜肯还没有完全修建好防御工事，而且我听说他们没有强大的防卫部队，可能抵抗不了多久。我的唯一担忧便是来自印第安人的伏击可能会阻挡你的行军，按照惯例，他们在隐蔽和袭击方面非常灵巧敏捷。你的行军队伍必须要拉得细长，接近4英里，所以可能在侧面遭遇突如其来的袭击，而且可能会像线一样被截断成几段，而又因为距离拉得过长，相互间不可能及时地支援对方。"

他嘲笑我的无知，回复我说："确实，这些野蛮人对于你们这些没受过专业训练的美洲殖民地来说也许是可怕的敌人，但是对于国王陛下的经过严格训练的正规军来说，先生，他们不可能给我们留下任何印象。"我意识到我没有资格和一个军人争论关于军事上的专业问题，因此我就不多说了。然而敌人并没有像我担忧的那样趁机袭击他那细长的军队，他们没有阻挡队伍前行，直到还有9英里就到达目的地的时候。那时，队伍相对集中（刚渡过一条河，领头军停止行军等待所有的士兵渡河），而且在一个比之前走过的所有地方都开阔的森林地带，敌人从树林和灌木丛后面重火力地袭击前方部队，这时将军才意识到原来敌人就在附近。先行部队被打乱，将军就急忙让军队前去支援，但因为马车、行李和牲畜的原因，所有的这些都是在十分混乱的情况下做的。而且当时敌人从侧面开了火，军官们骑在马背上，更容易被认出来，被选定为目标，很快就摔下来了；而且士兵们拥挤在一块，听不到将领们的指令，只能站在那里被敌人射击，直到三分之二的人都死掉，当时，处于一片恐惧当中，整个军队都鲁莽地逃散了。

驾车的每个人都从他的车队中拉出一匹马逃跑了，这个举动立刻被其他人效仿，所以所有的马车、军需品、大炮和货物都被留给了敌人。那位将军受伤了，好不容易被救出来，他的秘书瑟力先生死在了他身旁。在 86 位军官中，有 63 人非死即伤，在 1100 名士兵中死了 714 个，这 1100 名士兵是在整个军队中挑选出来的，剩下的留给了丹巴上校。他负责运送大量的军火、粮草和行李追随行进，逃跑的士兵并没有受到追击，他们到达了丹巴军营，他们所带来的恐惧立刻感染了上校和所有的人。尽管他有超过 1000 名的士兵，而那些击败布拉多克的敌人至多也不会超过 400 名印第安人和法国人。他不是继续行进，努力挽回丢失的荣誉，而是勒令销毁所有的备用品和军火，他可能会需要更多的马来帮助他们逃跑回到殖民地，以及更少的拖累。那时他接到弗吉尼亚、马里兰和宾夕法尼亚的州长们的要求让他把军队停驻在边境上，为了方便给居民提供保护，可是他还是继续慌忙地逃跑穿过整个国土，直至到了费城才觉得自己安全了，觉得这里的居民能够保护他。这次事件让我们第一次觉得我们之前对于英国正规军的英勇形象的崇拜是完全没有根据的。

而且当他们登陆之后路过居民区的首次行军时，他们抢夺民众的财物，民众如果胆敢反抗，便进行辱骂、虐待和圈禁，直到使一些人家完全走向毁灭。这件事有足够的理由让我们唾弃这些保卫者，如果我们真的需要一些人来保卫我们的话。这和 1781 年法国友人的行为多么不同啊！当时他们从罗特岛来到弗吉尼亚，途经我们人口最密集的地方，在长达 700 英里的行军中，没有发生过居民因为丢失一头猪、一只鸡甚至是一个苹果这样的小抱怨。

欧姆副官，那位将军的一个上尉，受了很严重的伤，和将军一块被解救出来，而且继续和将军待在一起，直到几天之后将军走向死亡。他跟我说将军在第一天时完全保持沉默，在夜里只说了句："谁会想到是这样呢？"第二天他又一次沉默了，到最后仅是说："再一次我们就知道该怎样应对他们了。"几分钟之后就死了。

秘书的文件里包含将军的所有命令、指示和通信，这些都落入了敌人之手，他们挑选出了一些文章并翻译成法语打印了出来，这些证实英国人在宣告战争之前就有敌对的意图了，在这些文件中，我发现几篇将军寄给内阁的信件中高度赞扬了我为军队提供的巨大服务，并且极力推荐我，希望引起他们的关注。几年之后，大卫·休谟成了时任法国部长的赫特福德公爵的秘书，之后又担任了时任国务大臣的康韦将军的秘书，他告诉我他曾在办公室的文件中看到布拉多克的这些信件，信中他大力地举荐我，可是不幸的是，这次征战使我的服务看起来并没有多大价值，这些举荐也从来没有对我产生过什么用处。

至于从将军那里得到的奖赏，我只要一个，即希望他给他的军官们下达命令不要再招募我们的合约奴仆了，而且希望他能够放回那些已经招募进去的。他很乐意地答应了，因而一些合约奴仆依据我的请求相应地被归还给了他们的主人，然而当指挥权移交给丹巴的时候，他就没有这么慷慨了，在他撤退抑或是逃跑到费城的时候，我向他申请解雇兰加斯德的三个贫穷人家被招募进去的奴仆，并且提醒他已逝将军生前在这方面的指令，他向我担保，因为他们在去纽约的行军中会在那里待上几天，如果他们的主人能到特伦顿找他，他就把这些奴仆交付给他们，因此他们的主人耗费钱财，不惧艰辛地去了特伦顿，但让他们有了巨大损失并感到失望的是，丹巴拒绝践行他的允诺。

当车辆和马匹遭受损失的消息传开之后，所有的主人都来找我要我已经做过担保的评估费。他们的要求给我带来了巨大的麻烦，我告知他们这些款项已经在军需官手里了，可是发款的命令必须首先得到瑟力将军的同意，我担保我已经向瑟力将军写信申请了，但是由于距离的原因，我们不可能立即收到回复，他们必须要耐心等待，但所有这些都不能够让大家满意，有些人开始向我提出控告，最终瑟力将军把我从这种恐怖的境遇中解救了出来，指派了一些委员核查债权并交付赔偿。它们总计约 20000镑，如若由我来赔付，将足以毁灭我。

在我们收到被打败的消息前，两位医生拿着捐献文件来找我捐钱，用来支付一场盛大的烟火的开销，这将在我们收到成功攻占福特杜肯的消息之后，用来庆贺我们的喜悦之情。我严肃地说，我觉得我们应该在确定了需要庆贺的时候再去准备，那时时间也不晚。他们看起来很讶异，我竟没有立即顺从他们的提议。其中一个人说："为什么？你该不会觉得我们攻不下这个堡垒吧？""我不知道我们能不能攻下，可是我认为战争有极大的不确定性。"我给他们说了我怀疑的原因，然后这个捐献就终止了，所以这项活动的计划者也就免受如果他们准备了烟火时会经历的屈辱。医生在之后的一个场合说他不喜欢富兰克林的预感。

莫里斯州长在布拉多克遭受失败之前，持续不断地用一封又一封的信件烦扰州议会，想要迫使他们订立免除征税来筹集防卫经费的议案，他推翻了全部的提案，由于里面没有免除私人财产的条目，现在成功的希望加倍了，面临的危险和防卫的必要性也更大了。然而州议会的态度还是一如既往地坚定，因为他们坚信正义是站在他们那边的，假如他们容忍了州议会修正财务法案，他们就要放弃其基本的权利。的确，在最后一些法案中有一个提议让拨款 50000 镑，州长只是打算修改一个字。这个法案中写道：所有的动产、不动产都必须纳税，私人业主的财产不必纳税。他的改动是把"也"改成了"不"，修改虽小，但却是个至关重要的改动。然而当这个灾难性的消息传到英国，我们的朋友在那里，我们总是把州议会回复州长的公文提供给他们，朋友们就群起谴责业主不应当给他们的州长提出如此卑劣又不公正的提案；有些人甚至于说既然他们妨碍了对殖民地的防卫，那他们的权利就应该被剥夺。他们对这些感到很害怕，就给他们的军需官总管发出命令让捐出 5000 镑，不理会州议会指定多少数额。

当告知州议会之后，州议会就接受了将这 5000 镑当作国税的代替金，之后一个新的议案被提出并且通过了，它附加有一个免除条款。依据这项法令，我被指命为处理这笔钱款的委员会成员之一，钱款共计 60000 镑。我积极活跃地投入法案的草拟工作并且使它得以批准。同一时间，我又草拟了一个建立和训练志愿军的法案，并且让它毫无难度地得到议会的批准，因为我们有意在法案里保持教友的自由。为了推动建立联盟，我写了一篇文章，它于 1756 年 2 月 3 日和法案一同刊登于《绅士杂志》。文中说明并驳斥了所有我能想到的对于义勇志愿军的异议，印发出来后，如我所料产生了巨大的反响。

十七　边境防务

1. 前往西北边境

在城市和乡村的几个连学习训练的时候，州长说服我去接管西北边境，他说那里总有敌人前来骚扰，让我通过提高军队和建立一长排的堡垒来保卫居民。我承担了这项军事命令，尽管我并不能确信自己是否有能力胜任。他给了我全权负责的委托和一包空白的军官委任书，让我发给那些我认为能够胜任的人。对我来说，募集士兵方面并没什么困难，没多久就把560人招至麾下，我儿子在上一次对抗加拿大军队的战争中是一名军官，这次做了我的副手，而且对我有巨大的作用。印第安人已经烧毁了纳登荷（这里以前居住着摩拉维亚的教徒），还残杀了这里的居民，可是我觉得这里是一个建筑堡垒的好处所。

为了向那边进军，我在伯利恒聚集了军队，这里是他们的主要集结地。我惊讶地发现这里的防御工事竟然如此好，可能是纳登荷的毁灭让他们为自己面临的危险感到担忧。这里的主要建筑都用栅栏围起来进行防御，他们从纽约买来了一些武器和弹药，甚至还把很多小块的铺路用的石头放在他们高大的石头房屋的窗户之间，以便妇女们用这些石头砸向那些试图进攻的印第安人的头部。同胞们都武装起来看守，就如其他戍守要塞的军队一样有条不紊地进行着。在和他们的主教斯潘根贝格交谈的时候，我提及了我的惊讶，由于我了解到他们的议案已经在国会通过，同时免除了他们在殖民地的军事服役，我原本认为他们是从心底不愿意扛起武器当兵的，他回复我说不服兵役并不在他们确立的原则之内，可是当这项法案在议会通过之后，有人觉得很多人肯定反对服兵役，然而这一次，让他们感到奇怪的是，仅有一小部分人坚持了这一想法。这看起来不是他们骗过了自己，就是骗过了议会，但是按照常理，以及那时危险的境遇，有时是有足够的理由来战胜这种古怪的想法的。

我们开始修建防御堡垒的时间是在一月初，我调遣了一支军队到密尼辛克，我命令他们建造一个堡垒以保护较高的地带，又命令另一支军队携带着类似的指令到较低的地方。之后我带领剩余部队去了纳登荷，在这里建造一个堡垒是极其迫切和必要的。这些教友为我准备了五辆马车以运载工具、货物和行李等。

在我们离开伯利恒之前，有11个农民被印第安人从他们的农场里驱赶了出来，他们来找我让我给他们提供义勇军武器，这样他们就可以回去取回他们的牲畜。我给他们每个人一杆枪和一定数量的子弹。天开始下雨的时候，我们还没有走出多远，而雨连续下了一整天，在路上也找不到可以庇护我们的居民区，直到接近傍晚的时候，我们到达了一个德国人的家里，在他的房里，我们全部的人紧紧挤在一起，浑身湿透，活像落汤鸡。幸运的是，我们在行军途中没有遇到袭击，由于我们的武器装备非常普通，我们的士兵不可能使枪支保持干燥，印第安人在这方面方法很巧妙，我们却办不到。那天，他们遇到了我在上面提到的那 11 个贫苦的农民，杀掉了其中的 10 个。那个逃回来的农民说他和同伴的子弹没法打出去，因为枪身被雨淋得湿透了。

第二天就变得晴朗了，我们继续行军，然后到了荒凉的纳登荷，附近有个制材厂，周围堆着一些木板，通过这些木板我们很快就为自己建成了住房，在气候恶劣的季节里做这些是极为必要的，因为我们没有帐篷。我们的首要任务就是更有效地埋葬我们所发现的尸体，之前他们只是被这里的人半掩埋了而已。

第二天上午，我们为建造堡垒做了规划，并标记了出来。其周长测量共计 455 米，也需要同样数量的用树木做成的栅栏，一个挨着一个排列，每个一米。我们总共有 70 把斧子，随即开始砍伐树木，我们的士兵使用起来得心应手，因此完成任务的效率很高。看到树木倒下得如此快，当两个人开始合砍一棵松树的时候，我便好奇地看了一下我的表，6 分钟之内他们便把它砍倒在地面上了，我发觉这棵树的直径为 14 英寸，每一棵松树能够建造成三根 18 米的栅栏，并将栅栏的其中一个末端削尖。在他们做准备工作的同时，其余的士兵在周围挖战壕，深至 3 米，用来插入栅栏。我们的马车车身被卸下来，拔出连接两部分杆的钉子，我们就能有十辆马车，每辆车配有两匹马，用它们来把栅栏从森林里运送到场地，当栅栏被立起来后，我们的木匠围着栅栏在圈内建造了一个木台，高度约为 6 米，这可以让士兵站在上面通过枪眼向外射击。我们有一架旋转枪，被安装在其中的一个角上，一旦它被安装好，我们便开火，以便让印第安人（如果周围有人的话）知道我们有这样的装备了。因此，我们的堡垒，如果如此简陋的栅栏能够给予这样一个华丽的名字的话，在一个星期之内终于落成了，虽然每隔一天就会下次大雨，以至于士兵们没法工作。

通过这件事我观察到，当士兵们忙于工作的时候，他们是非常满足的，由于在工作时，他们的内心敦厚又快乐，当他们意识到自己做完了一整天的工作时，便会度过一个愉快的夜晚。可是在闲散的日子里，他们总是难以管理而且争论不休，他们挑剔吃的猪肉、面包等，还总是乱发脾气。这让我想到了一个船长，他总是命令他的手下不间断地干活，当有一次他的助手告诉他已经完成了所有的工作，没什么可让他们做的了，船长回答说："哦，那让他们去刷锚！"

这种堡垒虽然不值一提，可是已经足够防御没有大炮的印第安人，当我们发觉自己处境安全，而且有一个以防万一的撤退之地，我们就冒险地结队去搜寻附近区域。我们没有遇到印第安人，可是却在邻近的山上发现了他们观察我们动静的藏身之地。这里有一项值得一提的精巧的发明，现在是冬天，火对他们来说是必要的，可是假如在地表生一个普通的火的话，人们通过火焰在远处就能发现他们的位置，所以他们在地表挖了一个直径为3米而且深度也约为3米的洞，我们看到了他们是如何使用斧子在森林里的烧过的木材边缘砍下木炭来的。使用这些木炭他们在洞的底端生起了小火苗，而且我们观察到由于他们的上半身躺在洞周围的杂草上而遗留下的印记，他们的腿悬挂在洞里以便让脚取暖，对他们来说，这是至关重要的。这种生火的方法如此成功，敌人不可能通过火苗、火焰、火星，或者甚至是烟发现他们。似乎他们的士兵数目不是很多，而且看起来他们知道我们的人数要多于他们，袭击时难以有取胜的希望。

有一位积极热情的长老会牧师比蒂先生来做我们的牧师，他跟我抱怨说士兵们通常都不愿意来听他的祈祷和训诫。在他们从军的时候，我们除了允诺给他们钱款和食物之外，还有每天供应一些朗姆酒，我们按时给他们提供酒，上午一半，下午一半，我观察到他们来领酒倒是挺守时的，根据这个我对比蒂牧师说："要你这样一个牧师来掌管酒也许有失尊严，可是假如你等到祈祷结束之后再给他们发酒，他们都会来你这里的。"他挺赞成这个办法，承担了这个工作，找了几个助手帮忙倒酒，结果让人很满意，祈祷会从没像现在这样来这么多人，而且还很守时。所以我觉得对于那些缺席祈祷会的人，用这种方式比用军规来惩罚更合适。

当我收到州长的来信时，我才刚刚做完工作，在堡垒里面储存了充足的食品，州长告知我他已经召集好州议会了，如果边境的事务不太紧张的话，希望我能去参加。在州议会的朋友也都写信劝说我去参加会议。我计划要修建的三个堡垒现在都已经完工了，在军队的保卫下居民们也能够待在自己的农场了，于是我下定决心回去了。更让人欣慰的是，一个新英格兰的军官克莱班上校，对与印第安人的战争非常有经验，正好要来我们这里拜访，同意担任我们的指挥官。我给了他一张委任书，之后在巡阅军队的时候，在全军面前宣读了委任书，然后向全体士兵介绍了他，作为一个军官，他在军事事务方面的指挥才能比我更适合担任全军的指挥官，之后我劝勉了士兵几句话便离开了。我被护卫着到达伯利恒，在这里待几天以缓解一路的劳累。当我躺在舒适的床上的第一个夜晚，我几乎没法入睡，那是因为这和我们仅仅包裹着一两条毛毯躺在纳登荷小木屋里的坚硬的地板上太不一样了。

待在伯利恒期间，我询问了一些关于兄弟派教友的作风。他们中的几个人一直陪伴着我，所有的人都对我十分友好。我发现他们是实施共同财产的，很多人在一个集体的桌子上吃饭，睡在共同的集体宿舍。在宿舍里我观察到在天花板下面的四面墙上有很多隔开一定距离的气洞，我觉得这些气洞的设置是为了使空气流通。在我参加他们的教会活动时，我听到了好听的音乐，小提琴、箫、横笛、竖笛等乐器都在为风琴伴奏，我明白了他们的布道和我们通常对所有的男女老少一起讲的惯例不太一样，他们有时会召集已经结婚的男子，有时召集他们的妻子，还会单独分别召集未婚男子、未婚女子和小孩。我曾经听到过对小孩的讲道，他们进入会场后，被依次排列坐在板凳上，男孩子们由一个年轻的男子，也就是他们的导师引领，女孩子们由一个年轻的妇女带领。宣讲的内容看起来非常适合他们的接受能力，并且使用了一种轻松亲切的方式宣讲出来，好像是在诱导他们做好孩子一样。他们表现得非常有秩序，可是看起来面色惨白，不大健康。这使我猜想他们应该是被困在屋子里太久了，或者是没有做充分的运动。

我了解了一些关于兄弟派教会的婚姻习俗，想知道他们是否像报道所说的那样是通过抽签的方法来结婚的。他们对我说只有在一些特殊的情形下才使用这种方法。通常情况下，当一个年轻的男子想要结婚的时候，他会告知年长者，年长者会和掌管年轻女子的老妇商量，因为这些长者们对自己学生的脾气和性格都非常了解，他们能非常准确地判断什么样的匹配才是最适宜的，而且通常情况下他们的决断都被接受了，但是，举个例子说，如果觉得有两三个女子都很适合于同一个年轻男子的话，那时便会采用抽签这一方法。我提出反对说，假如这样的匹配不是由男女双方互相做出的选择，其中的一些人可能会不高兴。那个人回复我说："即使是由当事人自己选择，他们也是不高兴的。"事实上，我不能否定这一点。

返回费城之后，我发现联合训练顺利地开展着，除了贵阁会会友，其他居民几乎都参加了，依据新的法律，他们将自己组建成多个小分队，挑选出上、中、少尉。B博士前来拜访我，他向我说明他在宣传联合训练方面所付出的努力，而且这些努力产生了巨大的效果。我本来将这一法令的通过全部归功于我的《对话》，然而我觉得他说的也许是有道理的，因此我让他坚持自己的看法，在这样的情况下我觉得这通常是最佳办法。军官们在开会的时候，选择让我做这个团队的上校，我这次同意了担任这一职位。我忘记了我们总共建立了多少个团队，然而我们拥有大约1200名精神抖擞的列队游行的士兵，并且还有一个团队的炮兵，他们有6架铜制的野战炮，他们对于这种战炮已经使用得非常熟练，以至于一分钟之内能够发射12次。当我首次巡阅我的军队之后，他们陪同我回到家，并且在我家门前燃放了几个礼炮以向我致敬，它们震落并打碎了我电学装置上的几块玻璃。而且我的新荣誉被证实并不比这些玻璃牢固多少，因为没过多久，我们的新团练法就被英国政府废止了，紧接着我的军衔也被撤掉了。

2. 矛盾的缘由

在我担任团长的那小段时间内，有次我准备动身去弗吉尼亚，军队里的军官们觉得由他们护卫我出城比较合适，准备一直护送我到达下一个渡口。正当我准备骑上马的时候，他们来到了我的门前，大约总计有三四十人，所有的人都穿着军装，先前我一点都不知道他们的这个计划，要不然我会阻止这件事的，由于我本性上反对在任何情况下有这样傲慢僭越的举动。对于他们的出现我感到非常苦恼，但此刻我不可避免地得让他们护送我了。更糟糕的是，在我们开始前进的时候，他们拿出了他们的刀，一路上都让他们的刀刃裸露着。有人向当地业主写明了这一情况，业主对此非常抵触，因为他在这里的时候，从来没有享受过这样的荣誉，他的州长们也没有被这样对待过。他认为只有皇室的血亲才可以接受这样的待遇。这或许是正确的，因为我不太了解这种情况，不管是在过去还是此刻，对于这些场合中的礼仪我都是无知的。

　　然而这种愚蠢的事情极大地增加了他对我的仇意。因为在议会中我反对将他的财产免税的举动，他已经对我不太友好了，除此之外，我还强烈地谴责他在要求这种特殊权利时的卑劣和不正义。他向政府控诉了我，控告说我对政府公务是一个极大的阻碍，认为我通过在议会中的影响力阻止那项适宜的筹款方案的通过。他举出我和军官们游行的事件作为一个例证，诬告我试图通过武力强行夺取他手中的权力，他还向邮务总理事埃弗拉德·福克纳爵士申请剥夺我的职务，然而我除了得到福克纳爵士一次委婉的警告之外，没有其他任何影响。

　　虽然州长和州议会双方不间断地争论，我身为其中的一员，占据很大的分量，可是我和州长之间还是维持着一种礼貌性的交往，我们之间从来没有产生过任何私人的分歧。有时我会想他很少或几乎没有对我有过愤恨，众所周知，一般是我替他回复公文的，也许是职业习惯的影响。他接受过律师的教育，可能会觉得我们仅仅是为在诉讼案件中为客户辩解的支持者而已，他作为业主，我作为州议会。所以他有时会来我家进行一次友好的拜访，在一些困难的事情上寻求我的建议，他有些时候，也会采纳我的建议。

　　我们一起协同合作为布拉多克的军队提供食品；但当布拉多克被打败的恐怖消息传来之后，州长通知我抓紧时间去见他，和他就阻止后方乡镇居民逃亡问题商量措施。我现在忘记了我给了他什么建议，可是我记得应该是提议他给丹尼将军写信，假如有可能的话，将军队停驻在边防保护那里的居民，通过来自各个殖民地的援助，那时他也许能够继续行军远征。而且等到我从边境返回之后，他可以让我承担利用殖民地的部队进行远征攻占杜肯堡的这项任务，在丹尼将军和他的士兵们被委派去做其他的任务的时候；他向委员会提议我做将军，我自认为自己在军事方面的能力没有他说的那么优秀，而且我坚信他宣称的必定远远超过了他内心的评定，可是有可能他觉得我的声望可以促进士兵的招募，而且我在议会中的影响力可能会促进他们的拨款，也许还可以免除让私人业主为他们的财产交税，当他发觉我没有像他期待中的那样积极参与此事的时候，这项计划便终止了，没过多久他便离开了政府，丹尼将军接任了他的职位。

十八　科学实验方面的探索

　　在接着陈述新州长任职期间我在政治事务方面发挥的作用之前，先简单说明一些我在学术方面名望的提升和进步。

　　1746 年，我在波士顿碰见了斯彭斯博士，他刚刚从苏格兰到达这里，他向我展示了一些有关电器的实验，它们并不是很完美，这是因为他的技术并不是很娴熟。然而由于对我来说这个项目是完全陌生的，因此，它们让我觉得惊奇又欣喜。没过多久我回到了费城，我们的图书馆从克林逊先生那里接收到了一个玻璃管的礼物，他是伦敦王室协会的成员，里面有一些关于如何使用它做实验的说明。我迫切地抓住这个机会反复地做我在波士顿时见到的那个实验，而且通过一些训练，我在做那些来自英国的书报中的实验时，速度有了明显的提升，而且我又加了一些新的实验。我总是进行多次训练，在那段时间里，我家里总是满满的人，他们来这里是想看看这些新奇的东西。

　　为了让我的朋友帮我减轻一些这样的负担，我让玻璃工厂为我制作了几条相似的玻璃管。他们可以用这些自己做实验，因此，最后我们便拥有许多可以做这项实验的人了。在他们这些人里，最重要的一位是肯纳斯利先生，他是我的一个很有才干的邻居，因为那时他正好失业，我就劝他通过演示这种实验来赚钱，而且我帮他草拟了两篇演讲稿，使实验按照这样的顺序进行，并且附有这些方法的具体说明，以便前面的内容能够辅助对后面内容的理解。为了这件事，他买了一个精美的器具，之前所有我为自己制作的粗劣的小器械现在都被器具制作商制作得非常精美了。来听他演讲的人很多，他获得了很大的认可。过了一段时间，他去到一些殖民地，在那里的每个主要城镇展示这些实验，赚得了一些钱财。在西印度群岛，的确，做成这些实验有一定的困难，由于这里的空气通常情况下都很湿润。

我们非常感谢克林逊先生送给我们的玻璃管等礼物，我认为应该告知他我们使用这些玻璃管所取得的成功，于是我便写了几封信给他说明一下我们所做实验的情况，他把我的信件在王室协会中读了出来，最开始的时候他们觉得这些不值得过多的关注，更别说在他们的会刊中刊登出来。我以前为肯纳斯利写过一篇文章，阐述了闪电和电是一样的，我将这篇文章发给了米切尔，我的一个密友，他也是这个协会的其中一员。他写信给我说这篇文章在协会中读过了，可是遭受到了那些专业人士的嘲讽。然而有人将这篇文章拿给福瑟吉尔博士，他觉得这篇文章非常有价值，不应该被掩埋掉并提议印登出来。之后克林逊先生将它们交付给卡福先生，希望出版在他的《绅士杂志》上，可是卡福先生选择把它们单独印在小册子上，而且福瑟吉尔博士为它撰写了一篇序文。现在看来卡福先生判断对了，由于添上之后又寄到的文章，它们集成了一个4开本的书卷，他将它们出版了5次，却没有花费他分文费用。

然而，在一段时间内，这些文章并没有在英国引起人们的关注，其中的一个版本碰巧落入了德巴芬爵士的手中，他在法国甚至是在整个欧洲是一位非常有声望的哲学家，他让达利巴先生将它们翻译成法文并在巴黎出版。这次的出版却触犯了王室的自然哲学的训导师诺莱神父，他是一个有能力的实验学家，他之前写出并出版了一篇与电力有关的文章，流行一时。开始的时候他不敢相信这样一篇文章来自于美洲，说它肯定是他的敌人们为了贬低他的学术在巴黎编造的，之后，他确信了在费城确实存在富兰克林这样一个人，虽然他之前对此很怀疑。他写作并出版了一整卷的书信，这些最主要是写给我而为他的学说辩护的，他不承认我这些实验和从中推导出来的结果的真实性。

我一度想要给他回信，并且确实动笔了，可是一想到我的文章里包含有对实验的方法描述，任何一个人都可以重复它并给予证实，假如没有证实，为之辩护又有什么用，文章里的内容是通过实验的观察当作推测提出的，不是武断地表述出来的，所以我没有义务去为它辩解。而且我又想到使用不同语言的两个人之间的争端，很可能会因为翻译的不当而拉长，并因此误解相互间的意思，这个神父的其中一份信件绝大部分内容便是建立在翻译中的一个失误上，所以我就下定决心不再管这些信件，我坚信最好的办法是从公务中腾出更多的时间去做新的实验，而不是为那些做过的实验辩解，因此我没有回复过诺莱先生的信件，之后的事件也没有给过我一个让我后悔沉默的理由，我的朋友里罗是王室科学学会的成员之一，他拿出我的根据反驳了诺莱先生。我的书被翻译成了意大利语、德语和拉丁语，而且书中包含的信条也在一定程度上被欧洲的哲学家们所普遍接纳，因此，除了来自巴黎的 B 先生之外，诺莱神父成了自己宗派的最后一个支持者，这位绅士是诺莱先生的学生和最接近的门徒。

　　取得如此突然，以及普遍名声的原因是其中提出的一个实验的成功，这个实验是由戴利巴德先生和德罗先生两个人完成的，实验室是要把电从云端引下来，这件事吸引了各地公众的注意力。德罗先生有一个专门做实验的装置，而且宣讲这门科学，承担了再现他称之为"费城实验"的工作，而且当他们被在国王和王后面前演示了之后，所有对此有好奇心的巴黎人都争相来观看。我就不再多陈述说明这项重要的实验了，还有之后没多久我利用一只风筝在费城所做的一个相似且成功的实验，由于这两件事情都能在关于电学的历史中找到。莱特，一名英国医生，在巴黎的时候给他的朋友写了一封信，他的这位朋友是英国王室协会的一名成员，信中提到我的实验在国外的学术圈里受到了极高的推崇，还有他们非常疑惑为什么我的文章在英国这么不受关注，通过这件事王室协会才重新思量这封曾经在他们面前宣读过的信件；而且享有盛名的华生博士为这些，以及之后我又寄到英国的所有的关于这项课题的文章做了总结，还收获了他的些许赞誉。这个总结就刊发在他们的会刊上，其中一些在伦敦的协会成员，尤其是非常有才干的康顿先生，已经验证了可以通过一个尖针把电从云端引导下来的这项实验，而且告知了王室协会这项成功的结果。没多久他们便修正了之前轻待我的错误，没有通过我亲自申请这项荣誉，就选举我成为其中的一员，而且提议我应该被免除缴纳惯常的会费，总计为 25 枚金币，而且从那之后他们便免费送我他们的会刊。还送给我 1753 年高弗利·克普利爵士的金奖章，并且在颁发这项荣誉的例会上，麦克莱斯菲尔德勋爵还进行了一场非常漂亮的演讲，我受到了高度的赞扬。

十九 作为宾夕法尼亚的代理人赶赴伦敦

1. 劳德勋爵

我们的新州长丹尼上尉帮我把上面提及的金奖章从王室协会带回了费城，还专门在他准备的欢迎会上将金奖章颁给了我，同时非常礼貌地表达了对我的尊敬，并说对我的品质早有耳闻。吃过饭后，朋友们依照那个时候的惯例沉醉于美酒的时候，他带我到另外一间房间里，跟我说他被那些在英国的朋友们建议和我建立一段友情，他们认为我有能力给他最好的建议，而且可以更有效地帮助他，所以他渴望在所有的事情上都与我和睦相处，他央求我相信在任何场合他都愿意在职权范围内为我提供便利，还告诉了我一些业主们对宾夕法尼亚州的良好意图，假如那些延续已久的对业主施行办法的反对都可以终止，业主和居民们之间的友善能够恢复的话，这也许对所有的人，尤其是我有很大的益处；在影响这件事方面，没有任何一个人比我更合适，并且我还可以从中取得丰厚的报酬等。喝酒的人发现我们没有立即返回到饭桌旁，给我们送来了一瓶白葡萄酒，州长便开始畅饮，饮得越多，提出的请求和允诺就越多。

我的回复是这样的：非常感谢上帝，我自身状况还好，不必让业主们提供给我不必要的东西；而且身为议会中的一员，我可能不能接受他们的任何馈赠。然而我与业主之间毫无敌意，不管什么时候如果他们提议的公共措施是对人民有好处的，没有人会比我更热心地支持和推进它的施行。我之前的反驳便是建立在这些基础上的，那些提出的措施明显是为了服务于业主们的利益，带有巨大的对人民的偏见；我非常感恩州长对我的厚待，他可以在我的能力范围内在任何事情上得到我的帮助，而且期待他没有带来同样不幸的指令，这种不幸的指令让他的上一任饱受妨碍。

在这件事上，他并没有为自己辩解，可是之后当他和州议会打交道时，这一指令再一次出现了，争端也重新出现了，而且我也还是像以前那样积极地提反对意见，州长首次请求我草拟业主指示州议会的要求，而且之后关于这些指令的评述也是我写的。这些文件或许可以在那时的议案中，以及在我之后发表的历史评述中也可以找到，可是在我们个人之间从没有过敌意。我们经常待在一起，他是个学者，游历过世界的很多地方，而且在交谈中表现得有趣且让人愉快。他给了我第一手的消息说我的老朋友詹斯·雷夫仍然活着，他被尊称为英国最出色的政治家之一，他曾经在福瑞德瑞克亲王和国王的争端中被聘用，而且一年可以得到300镑的薪资；但作为一个诗人，他的名望确实很微小，蒲柏在他的《愚人记》中谴责过他的诗歌，然而他的散文却被认为是足够优秀的。

州议会最终发觉业主们总是顽固地坚持用那些不仅仅是与人

民利益不相符合、也有损于王权的指令来给他们的副手们套上手铐，于是他们下定决心要去向国王请愿反对他们，并且指派我作为他们的经办人到英国去提出并支持这项请愿。之前议会已经向州长提交了一项法案，请求同意提供 60000 镑钱款给国王以备使用（其中的 10000 镑将由当任的劳德勋爵支配），然而州长依照他的指令完全反对这项议案的通过。

我早已和纽约的一艘邮船的船长莫里斯先生商量好坐他的船去，当劳德勋爵到达费城的时候，我的所有行李都安置到船上去了，他明白地告诉我他是来调解州长和议会之间的矛盾的，为了使英王的军务可以不会因为他们的纠纷而受阻。他希望州长、我能和他见面，然后他可以听一听双方是如何各持己见的。之后我们便碰面并商讨这个问题了。身为州议会的代表，我提出了在当时的公共文件中能找到的所有论据，所有这些文件均是我草拟的并且刊印在议会的会议记录里，而州长则为他的指令做了辩护，他以前允诺会遵从业主的指令，假如他没能做到，那他就完了，然而假如劳德勋爵建议他这样做的话，他看起来也不是不愿意冒这个险。然而劳德勋爵没有选择这样做，尽管我一度认为我都快要劝服他这样做了；然而最终他却宁愿选择要求州议会的服从，并请求通过我的努力来达成这个目标，他宣称他将不会挪出国王的任何军队来防卫我们的边境，而且假如我们今后不进行自卫的话，他们对于敌人来说必定会暴露无遗。

我使议会了解了发生的事情，而且向他们介绍了我草拟的一套决议，这些决议说明了我们的权利，而且表明我们决不会放弃对这些权利的要求，我们仅仅是迫于武力在这种情形下暂停了活动，而且抗议这种武力胁迫，因此他们最终同意放弃那条法案，并设计了另一个顺从于业主指令的法案，这个法案理所当然地获得了州长的支持，之后我就可以自由地开始我的航行了。然而，那艘邮船早已把我的行李运走了，这些对于我来说是一些损失，而且我的唯一补偿便是劳德勋爵对于我提供的服务的致谢，而所有的达成这次和解的声誉都落到了他身上。

他在我之前就出发去纽约了，因为派遣邮船的时间是由他处置的，当时那里有两艘邮船，他告诉我其中一艘很快就会出发，我请求他让我知道准确的时间，那样我便可能不会因为我的拖延而错失它，他对我说："我已经指示它下周六出发，然而我或许可以让你知道，你可得保密，假如你在周一早上之前到那里的话，你便能赶得上时间，但是不能再耽搁了。"可是因为在渡船上遭受了一些意想不到的障碍，我到地方的时候就已经是周一中午了，又因为当天是顺风，我非常害怕船也许已经出发了；然而不一会儿我得到消息说船仍然在港内而且明天之前不会启程，我便心安了。每个人都觉得当时我就要出发去欧洲了，我也是这样认为的，然而当时我还没有充分领略劳德勋爵的性格，犹豫不决是他最主要的性格特征之一。我会给出一些例证，我是大约在四月初来到纽约的，而我觉得直到六月底我们才出发。那时有两艘游船，停在港里已经很长时间了，可是被扣留在港内等待州长的来信，总是被告知明天就准备好了。另一艘游船到达之后，也被扣留，在我们出发前，已经盼到第四艘了。我们的那一艘被首先派遣，因为它停留在那里的时间是最长的，所有的乘客都预订好了仓位，其中有些人非常不耐烦地等待着它出发，商人们为他们的信件心神不安，也为给秋季货物办理保险的订单心神不安（由于正处于战时），可是他们的所有忧虑都没有用处，劳德勋爵的信还没有准备好。然而每一个去等待他的人都发现他总是坐在桌子旁，手里握着笔，因此推论说他肯定需要写很多内容。

　　某天早上我亲自去找他提出我的请求时，我在他的接待室发现了一个来自费城的名叫英尼斯的信使，他是从那里来要把来自丹尼州长的包裹送交给勋爵的，他递交给我几封我在那里的朋友的信件，我趁机询问他何时返回，借住在什么地方，然后可以让他在回去的路上帮我寄送几封信，他告诉我说他接到命令于明天早上九点来拿勋爵给州长的回信，之后便马上出发。我在那一天就将信交到了他的手中，两周之后我又在同一个地方碰到了他，"你这么快就返回来了吗，英尼斯？""回来？不是的，我至今都没出发呢！""为什么会这样呢？""在过去的两周里我每天早上都接到命令来这里取寄给劳德勋爵的信件，可直到现在信都没有写好。""这可能吗？他是一个善于写东西的人，因为我看到他总是在桌子旁边持续不断地写东西。"英尼斯回答说："是的，然而他就像广告中的乔治，总是在马背上，但从来都没前行过。"这位信使的观察看起来非常有根据，因为我明白了在英国时皮特先生将这个理由作为撤除这位将军的一个原因，并且将安迈斯特和沃尔夫调派过来，因为部长从来没有收到过他的任何来信，没法了解他到底在干什么。

　　因为每天都期待着出发，这三艘邮船都要到桑迪·胡克去跟随那里的舰队，乘客们觉得最好的方法就是待在船上，以防邮船忽然间接到命令启程而将他们留下。如果我的记忆正确的话，我们大约在这里待了六周，吃完了在船上准备的食物，被迫又去买了一些。最后舰队终于出发了，勋爵和他的所有军队都坐船去了路易斯堡，意图去包围和夺取这个堡垒，全部的邮船都接到命令加入勋爵的船队，随时做好准备接受勋爵的派遣。当我们收到一封信说让我们离开的时候我们已经等了五天，然后我们的船就脱离了舰队朝向英国驶去。另外两艘船仍然被他扣留，并将它们带去了哈利法克斯，他在那个地方待了一段时间，主要训练他的士兵对着虚假的堡垒进行虚假的袭击，然后他改变了包围路易斯堡的想法，带领他所有的军队，以及上面提及的两艘游船还有所有的乘客返回到了纽约！而在他出行的这段时间，法国人和野蛮人已经占领了乔治堡，在边境，野蛮人残杀了很多已经投降了的驻防官兵。

2. 邦尼尔船长

之后我在伦敦见到了邦尼尔船长，他指挥着其中的一艘邮船。他对我说，在他被扣留达到一个月的时候，他告知劳德勋爵说船底已经被海草等缠住了，在一定程度上肯定会阻碍船的快速行进，而这对于邮船来说是个很严重的影响因素，所以他恳求勋爵给他一些时间将船拖上来并把船的底部清理干净。勋爵询问他这项工作需要花费多长时间，他说需要三天时间。勋爵回复他说："假如你可以在一天之内完成这项工作，我可以应允，不然的话不可以。由于后天你必须要启程了。"所以他从来没获得过准许，尽管之后他日复一日地被扣留了长达三个月的时间。

我在伦敦也碰见了邦尼尔船长的一个乘客，他对于劳德勋爵感到非常愤怒，因为他欺骗他并把他扣留在纽约如此长的时间，之后又将他带去哈利法克斯，又再一次返回来。因此他宣誓一定会控告他赔偿自己的损失。至于之后他是否这样做了，我没有听说，依照他的陈述，在这个事件中他所遭受的伤害确实相当大。

整体来说，我非常奇怪为什么这样一个人会被人信任，并作为一个庞大军队的指挥官去处理这样重要的任务。然而当我对这个世界了解更多，也知道了获取职位，以及给予职位的目的之后，我的惊愕就减少了。按照我的看法，假如在布拉多克将军死后接任军队指挥权的瑟力将军继续掌权的话，在1757年的那场战役中一定会比劳德勋爵取得更好的战绩。劳德勋爵举止轻率，总是乱花钱，为我们的民族带来了超乎想象的耻辱，尽管瑟力将军并不是一个接受过教育的军人，可是他非常明智，颇有远见，能留心别人的好建议，有能力做出判断正确的计划，能够快速积极地践行计划。劳德勋爵不是利用庞大的军队去保卫殖民地，而是使他们完全暴露无疑，他们却在哈利法克斯无所事事地游行，因此乔治堡失陷了。除此之外，他扰乱了我们全部的商业活动，由于长时间地限制粮食的出口，我们的贸易也陷入了困境，借口是不让我们的敌人得到我们的粮食，可是事实上他们是想帮助承包人把粮食的价格降低，听说（或许也仅仅是一种怀疑）他从中共享了一些利益。当最终这项禁令被解除的时候，由于忽视了要将这条通知传达到查勒士顿去，使得卡罗来纳的舰队多被扣留了将近三个月的时间，于是船底遭受了蠕虫的极大破坏，因此在回来的路上绝大部分的船只沉入海底了。

我相信瑟力先生是很高兴从中解脱出来的，因为指挥军队对于一个不了解军事事务的人来说是一项难以承受的负担。我去参加了纽约市为劳德勋爵筹办的欢迎会，瑟力先生尽管被解除了职位，但还是来参加了。当时有非常多的军官、居民和陌生人来参加，其中的一些椅子是从邻居家里借来的，在它们中间有一个椅子非常矮，却凑巧让瑟力先生坐上去了。由于我坐在他的身边发现了这件事，我便说了句："先生，他们给你的这个椅子也太矮了。"他回答我说："没关系的，富兰克林先生，我发现这个坐着非常舒服。"

在我之前提到的被扣留在纽约的那段时间，我收到了以前我为布拉多克提供食品等物资的所有账单，这里面的一些账单我不能很快从我聘用的那些帮助我筹办的人手里得到，我把这些账单提供给了劳德勋爵，希望能够给予赔偿。他把这些账单交付给合适的军官进行例行的核查，当把每一张账单和它的收据比较之后，证实它们是准确的，劳德勋爵便命令军需官给我一张汇单，然而这张汇单总是被一次又一次地延误，尽管我总是依据约定好的时间去取，然而我仍然没有取回。最终在我将要离开之前，他对我说通过进一步的考虑，他下定决心不能将他的账单和他前任长官的账单混合起来。他说："当你到达英国后，你只需要把账单提交给国库，他们立即就会支付给你的。"

我提及（然而并没有作用）由于我被扣留在纽约如此长的时间，我已经投入了庞大数额且意想不到的花费，以此作为一个理由希望他们能够马上支付赔偿。在我还没有为我的服务支取佣金的时候，在我看来当我要求拿回我所垫付的钱款时让我陷入更大的麻烦和耽搁是不对的。他回答我说："先生，你千万不要想着说服我们说你没有从中捞到好处，关于这些事情我们比别人更加了解，我们了解每一个和为部队提供军需相关的人都能从中找到办法填充自己的口袋。"我向他担保我没有这样做过，我没有向自己的口袋里塞过一法新（英国铜币），然而很明显，他不信任我，而且之后我的确了解到有些人在这样的工作中赚取了大量的钱财。而关于我的赔偿，直到今天他们都还没有支付给我，这件事我之后还会提及。

3. 九十六艘航船中最慢的一艘

在我们出发之前，我们这艘邮船的船长就已经在极力夸耀他的船的速度，可非常不幸的是，我们才刚出海，它就被证实是九十六艘航船中航行最慢的那一艘，这对他来说是一个不小的屈辱。在对这一原因进行各种推测之后，当我们接近另一只和我们差不多一样慢的船时，它却反超了我们，船长指挥我们所有的人都到船尾，并且尽量贴近桅杆站着。将乘客计算在内，我们总共有大约 40 个人。在我们都站在那里的时候，船便加快了它的速度，很快就远远地超过临近的那只船了，这很明显证实了我们船长心中的猜测是对的，即船头装载的东西太多了。看起来是由于水桶全部都被装载在了船头，所以他命令将这些水桶移动到船尾，之后船就重新找回了它的自信，被证实是舰队中最快的航船。

船长告诉我们这艘船的速度一度高达 13 个节点，算起来即是每个小时 13 英里。在我们的船上有一位乘客，是海军的肯尼迪上校，他反对说这不可能，而且认为没有船可以航行得这么迅速，肯定是分割测量线的时候出现错误了，或者是在抛出测量线的时候出错了。于是，他们两个人打赌，准备在等到有足够的风力的时候做出决断。因此，肯尼迪就细心地检查了那条测量线，当对此感到满意之后，便决定亲自抛出这根测量线。几天之后，在风力很强劲的时候，这艘邮船的船长劳特维基说他坚信那时船速达到过 13 英里，肯尼迪进行了试验，最终的结局是他的赌注输掉了。

我说这些事实的目的是要证实下面的观察，在没有试航之前，我们就不能知道它是否是一个好的航行者，这已经被标记为是建造船只时的一个不尽人意的地方。因为即使我们精确地仿造一艘优良的航船来建造一艘新的，事实也会证明结果正好相反，它不同寻常地暗淡到不起眼。我觉得可能是因为关于装载货物、给船装帆，以及航行的方式，不同海员的见解都有一套自己的方法。对于同样的一艘船，根据一个船长的判断和要求来装载，它在航行的时候可能会比在另一个船长的指令下前行得慢或快。此外，几乎从来没有发生过同一艘船是同一个人建造、为其装载设备并且是由同一个人驾驶的这种情况。通常情况下是由一个人建造船身，另一个人为其装帆，再一个人为其装载货物并驾驶它。他们之间每一个人都没有机会知道其他人的想法和经历，所以将这几个方面的因素结合起来考虑的话，便不可能得出准确的推论了。

甚至是在海面上航行时的简单操作，在风力相同的情况下，我也总是观察到那些接替着值班的指挥者会做出不同的判断。一个指挥者相对于另一个来说会把船帆平衡地快一些或慢一些，因此看起来并没有确定的可以参照的规则。然而我认为可以进行一系列的试验，第一确定出能够进行快速航行的最适宜的船身外形；然后确定出船桅的最恰当的尺寸大小，以及安装船桅的最适当的位置；之后是确定船帆的外形、数目，以及它们在风中可能会行驶的方向；最后一个是对于装载的货物的处置方法。这是一个充斥着实验的时代，我认为进行一系列准确的实验并将它们有机结合起来，这是非常有用的。所以，我坚信用不了很长时间，那些具有独创精神的科学家就会做这些工作的，我期望他们能够成功。

我们在航行时遭受了好几次追捕，然而我们比他们航行得都要快，30 天之内我们便到近海水域了，我们的观察做得很好，船长自己的判断非常接近于我们要到达的港口法尔茅斯，假如我们在夜间加速航行的话，第二天早上便可能抵达港口，而且如果在夜间行驶的话可以逃脱敌人武装民船的关注，他们总是在海峡的入口处徘徊巡视。因此，我们尽可能把所有的船帆都张起来，而且当时的风也很强劲，我们趁着风前行，航行迅速。船长通过一番观察，确定了他的路线以便能够不经过锡利群岛，他本来是这样想的。然而，圣乔治海峡好像有时会有一种强劲的向内流的水流，总是让海员们受骗，而且曾导致克劳兹利肖弗尔爵士的小舰队的遗失。这种向内流的气流或许能够解释发生在我们身上的事情。

我们在船头安排了一个巡夜人，他总是被别人叫喊道"看好前面"，他也总是回答说"好的，好的"，可是或许在那个时候他的眼睛已经合上了，而且处于半睡的状态，听说他们有时可能仅仅是机械性地应答；因为他竟没有发现就在我们前面的灯，这盏灯被副帆给隐藏了，因此驾驶舱的人看不到，其余的守夜人也看不到，然而因为船身的一次意外偏航，这盏灯被发现了，接着立刻陷入了极大的恐慌，由于当时我们已经非常接近这盏灯了，对我们来说，灯光看起来就像车轮子一样大。那时已经是午夜了，我们的船长很快就睡着了，然而肯尼迪上校跳到甲板上时发现了危险，命令将船头调转过来并将所有的船帆都张开，这项操作对船桅来说是很危险的，可是他却拯救了我们，让我们逃离了海难，因为那时我们正朝向竖立着灯塔的岩石快速航行。这次幸免于难让我对灯塔的作用留下了深刻的印象，而且让我下定决心鼓励在美洲地区建造更多的灯塔，如果我还能活着返回到美洲的话。

早上我们通过试探水深，发觉已经接近港口了，然而浓厚的雾把陆地遮挡在了我们的视线之外。大概九点钟的时候大雾开始散去，它们从水中向上升起看起来就像是剧场里的幕布拉开一样，从它下面发现了法尔茅斯的城镇、停在港内的船舶，以及围绕着它的田野。这对那些长时间以来始终面对着茫然的大海而再看不到其他景象的人来说是一幅非常让人欣喜的景观，而且它带给了我们更多的快乐，因为此刻我们从担忧战争的焦虑状态中解脱出来了。

补

编

4．与儿子同赴伦敦

我和儿子即刻动身去伦敦，在路上我们只是稍微停留一下，参观了在索尔兹伯里平原的巨石阵、在威尔顿的彭布罗克勋爵的府邸、花园，以及他非常古怪的古董。我们到达伦敦的时间是1757年7月27日。

当我住进查理士先生提供给我的房子里之后，立即去看望了福瑟吉尔博士。有人曾向他极力举荐了我，而且有人建议我去找他咨询一下关于提出诉讼的程序。他反对我立刻向政府投诉，认为应当首先以个人的名义向业主们申请，有可能会通过一些私人朋友的介入和劝导说服他们，进而友好地调解这件事。之后我去拜访了我的老朋友——通信者皮特·克林森先生，他对我说那个伟大的弗吉尼亚商人约翰·汉伯里先生请求他当我到达的时候去通知他，他或许可以带我去见当时的委员会主席格兰维尔勋爵，这位勋爵期望可以尽可能快地和我会面，我同意第二天早上一起去见他。因此，汉伯里先生特地来接我坐他的马车去那位贵族的家里，勋爵待我非常礼貌，在询问了一些关于美洲现在的政事的问题并对此谈论之后，他告诉我说："你们美洲人对于你们的宪法理解错了，你们争论说国王对州长的指令并不是法律，而且觉得你们自己有权随意判定是否去尊重它，可是这些指令和那些部长去国外时所携带的以便在一些微不足道的礼节上调整自己行为的口袋指令是不同的，它们最开始的时候是由非常了解法律的法官草拟的，之后可能会在委员会中进行考虑、争辩和修订，然后再由国王进行签名。就你们而言，它们就是国家的法律，因为国王就是殖民地的立法人。"我告诉格兰维尔勋爵说，这些对我来说是一些完全陌生的信条。按照我们的宪章来理解，我一直觉得我们的法律是由议会订立的，确实要提交给国王请求皇室的同意，然而一旦通过了，国王就不能撤销或者变动。尽管议会在没有通过国王的同意时不能订立永久性的法律，可反过来国王在没有通过议会的同意时也不能订立永久性的法律。他坚信我完全错了，然而我不这样认为，但格兰维尔勋爵的谈话让我有点恐慌于政府对于我们可能会有的看法，当我回到住所后，立刻就把这些写了下来。我回想起大概在 20 年之前，政府部门向议会提交的一个法案中的一则条款中建议将国王的指令当作殖民地的法律，然而这则条款被下议院给驳回了，因为这个我们崇拜他们，把他们当作我们的朋友和自由的朋友。直到通过在 1757 年他们对待我们的行为来看，似乎他们抵制国王拥有统治权仅仅是为了将这一权力握在自己的手中。

几天之后，福瑟吉尔博士将这件事告诉了业主们，他们约好在位于春园的 T. 佩恩先生的家里和我见面。谈话最初的时候双方都声明致力于问题的合理调解，然而我觉得每一方对于"合理应该意味着什么"这一问题都有自己的看法。之后我们便开始考虑关于多个点的投诉，我对此一一列举，业主们尽他们最大努力为自己的行为辩护，同时我也尽可能地为议会辩解。从距离上看，我们似乎相隔很远，在看法上的分歧也似乎难以有达成统一的希望，然而最终他们得出了结论，让我把要投诉的主要条目写下来提交给他们，他们允诺之后会进行考虑，没多久我就完成了，可是他们把这些文件交到了他们的律师佩迪南·约翰·帕里斯的手中，他曾经在与相邻的马里兰州的业主巴尔的摩勋爵的巨大诉讼案件中设法替他们处理所有的法律业务，这个案件已经持续了 70 年的时间，在与议会的争端中的所有文件和呈文都是由他写的。他是一个自负且容易发脾气的人，因为以前在议会对他的回复中由于他的文件实际上论据薄弱，语气傲慢，我偶尔会对他的文件有些苛责，因此他对我产生了极大的敌意，总是在我们相遇时对我表现出来，而业主们让我和他两个人单独商讨诉讼的主要条款，我谢绝了这项提议，而且拒绝与除业主外的任何人进行协商，他们之后按照他的提议将这些文件交到了检察长和副检察长的手中，寻求他们的建议和忠告，而在这里这个案子无人问津，耽搁了仅差 8 天就一年的时间。在这段时间，我频繁地请求业主们给予回复，可是他们除了说至今还没有接到检察长和副检察长的建议之外，就再没有什么回复了，可是在他们接到建议时，这建议是什么，我无从得知，由于他们并没有告知我，然而他们给议会发了一篇很长的由帕里斯执笔并签名的公文，公文中详述了我的文件，抱怨我缺乏礼节、野蛮粗鲁，并且为他们的行为做了站不住脚的辩护，之后他们又附加说假如州议会调派某个正直的人来进行协商的话他们乐于调解这件事，暗讽我不是这样的人。

说我缺乏礼节或野蛮无礼，或许是因为在我寄送给他们的文件中没有标明他们假定的头衔"宾夕法尼亚州真正的绝对无疑的业主们"，我之所以省略掉了这一头衔，是因为我觉得在这个文件中是没有必要的，我的意图仅仅是把在谈话中我口头上发表的意见通过书写确定下来。

可是在这段拖延的时间里，议会说服丹尼州长批准了一项征税法案，业主们的财产和普通百姓的一样都要交税，这是争端中的一个最重要的点，他们忽略掉了对业主们的回信。

然而在这项法案到达英国的时候，业主们按照帕里斯的忠告，下定决心要反对由王室批准，因此他们在委员会中向国王请求，之后便决定进行一次审讯，聘用了两位律师来抗争这项法案，同时我也聘用了两个律师来支持这项法案，他们宣称这项法案的意图是使业主们的财产承担更多的税务，以便分担平民的重赋。假如这项法令持续生效的话，因为平民们对业主们固有的憎恶，在确定税额的比例方面，业主们将会任由他们的支配，然后不可避免地走向毁灭。我们回复说这项法案并没有这样的目的，而且也不会产生这样的结果。评审员都是正直谨慎的人，他们宣过誓要做到公平公正，他们每个人从通过增加业主们的份额以减少自己的税额中所希望获得的利益是微不足道的，不值得他们为此破坏誓言，这是我所记得的双方据理力争的意图，除此之外，我们强烈地说明撤销这一法案后的不良后果，由于我们已经印发了十万镑纸币提供给国王使用，这笔钱花费在了他的政务上，目前散布流通于民众之间，如果撤销了这项法案，那么民众手中的钱便变成了废纸，进而导致很多人因此破产，而且未来的政府救济也会陷入完全的窘境。我们强烈谴责业主们自私自利的本性，他们自私地请求这样一场巨大的灾难，仅仅是由于他们毫无理由地担忧他们的财产会承担更多的税额。在律师们为此进行辩护的时候，委员会中的一员曼斯菲尔德勋爵站了起来，向我招手示意并将我带进了办事员的房间，他询问我是否真的认为如果实施这项法案的话业主们的财产将不会遭受任何损失，我肯定了这一点，他说："你几乎没有理由拒绝为这项协定担保。"我回答说："我确实没有理由。"之后他把帕里斯叫了进来，通过一些协商，勋爵的提议被双方一致采纳了，委员会的办事员为此草拟了一份文件，我和查理士先生共同签了名，查理士先生也是宾州日常事务的代办人，当曼斯菲尔德勋爵返回委员会会议室的时候，这项法律最终被同意通过了。然而他们提议进行一些变动，同时我们也承诺将这些变动添加到附加法中，然而议会觉得这些没有必要，因为委员会的指令到位之前，按照这项法律头一年的课税已经收缴完成了。他们调派了一个委员会来核查评审员的工作进展，同时安排了业主们的几个特别的朋友进入委员会。通过全方位的询问之后，他们发现税额的评估工作是非常公正的，因此他们全员一致同意签署了这项报告。

议会发觉我制定的协议的第一部分对宾州来说是一项重要的服务，由于它保证了流通散布于全国各地的纸币的信用度。因此在我回来的时候，他们对我致以正式的感谢，然而业主们却因为丹尼州长通过了这项法案对他感到非常愤怒，因此撤了他的职务，并威胁说由于他没有遵守曾经担保要遵守的指令，要对他提起诉讼。然而，他做的这些都是遵循了将军的指令，而且是为了完成军事任务，在王宫里他也有一些掌握着权力的朋友，所以他蔑视这些威胁言论，而且他们也从来没有将这些威胁言论付诸实行。

附

录

富兰克林生平大事记

1706 年 1 月 11 日，富兰克林出生于北美马萨诸塞的波士顿城一个工人家庭。父亲原是英国漆匠，当时以制造蜡烛和肥皂为业，共有 17 个孩子，富兰克林是最小的儿子。

1714 年，进入文法学校读书，成绩优异。

1716 年，因家贫中断学业，帮助父亲做蜡烛和肥皂工作。

1718 年，进入哥哥詹姆斯的印刷铺做学徒，开始印刷工生涯。这期间，博览名著，养成了良好的自学习惯。

1721 年，匿名向《新英格兰报》投稿，得到认可和赞赏，并临时负责过该报的编辑工作。

1723 年，毁学徒契约，离开波士顿，独闯费城，并在当地一家印刷铺开始当印刷工。

1724 年，奔赴伦敦继续学习印刷事业，并居住一年零六个月，在此期间发表了论文《自由与贫困，快乐与痛苦论》。

1726 年，返回费城，先在一家文具店做店员，后当上了印刷铺的工头。

1727 年，组织青年自学团体创办"共读社"，主要研究社会科学和自然科学的问题。

1728 年，与人合作开设了一家印刷铺。

1729 年，创办《宾夕法尼亚报》，并出版了《试论纸币的性质和必要性》。

1730 年，和李德小姐结婚，其子威廉出生。

1731 年，创办费城图书馆，这也是北美第一座图书馆。

1732 年，出版《穷理查的历书》创刊号。

1733 年，开始自学法语、意大利语、西班牙语和拉丁语。

1736 年，担任宾夕法尼亚州议会文书；组建费城联合救火队。

1737 年，就任费城邮政局长；改革费城警务。

1740 年，发明"开炉"。

1743 年，女儿萨拉出生。

1744 年，创办"美洲哲学学会"，自任秘书。

1746 年，组建费城的国民自卫队，开始电学实验，通过实验，在电学理论方面有了重大突破。

1748 年，将印刷铺改为合伙经营；此年当选宾州议会议员。

1749 年，创办费拉德尔菲亚学院。

1751 年，帮助创办费城医院。

1752 年，做风筝试验；发明避雷针；发表《电学实验与观察》。

1753 年，获英国皇家学会的科普利金质奖；被耶鲁大学、哈佛大学授予硕士学位。

1754 年，作为宾州代表参加在奥尔巴尼召开的殖民地代表会议，提出"奥尔巴尼联盟计划"。

1755 年，任费城国民自卫军指挥官。

1757 年，在议会提案铺设费城街道；作为宾州议会代表赴英请愿，反对业主在殖民地的免税特权。

1759 年，被安德鲁大学授予荣誉博士学位。

1762 年，被牛津大学授予民法博士学位；同年返回费城。

1763 年，巡视北部殖民地邮政，并开始邮政改革；反对屠杀印第安人。

1764 年，在宾州议会选举中败于激进派；作为宾州议会代理人赴英请愿，反对业主劣政。

1766 年，参加英国下院为废止印花税的答辩，促进了印花税法案的废除；同年出访汉诺威，当选汉诺威皇家科学学会会员。

1767 年，再任宾州议会代理人，开始筹划实现美洲殖民地西部领土计划。

1768 年，受托担任乔治亚州议会代理人。

1769 年，受托担任新泽西州议会代理人。

1770 年，受托担任马萨诸塞州议会代理人。

1771 年，开始写自传。

1772 年，当选为法兰西皇家科学院"外国会员"。

1773 年，发表《普鲁士王之敕令》；法文版《电学实验与观察》出版；对感冒病因加以研究。

1774 年，"赫金森信札"事发，被解除北美邮政总代理之职；结识并介绍托马斯·潘恩赴美；开始和几方面英国政要共同作调和英美矛盾的努力；妻子李德小姐逝世。

1775 年，向英呈交《调回驻波士顿驻军的方案》遭拒；返回费城，途中研究海湾海流；当选北美殖民地第二次大陆会议代表；担任宾州治安委员会委员；和潘恩共同起草宾州宪法。

1776 年，参加起草《独立宣言》，宣言通过后，任美利坚合众国邮政总长；当选宾州制宪委员会主席；参加同英国将领豪的会谈；奉大陆会议派遣出使法国。

1778 年，缔结《美法友好通商条约》和《美法同盟条约》。

1779 年，任驻法大使；出版《政治、哲学论文杂集》。

1781 年，成为波士顿的"美洲科学艺术学会"会员。

1783 年，英美缔结《巴黎和约》，英国承认北美 13 州独立；入选爱丁堡皇家学会会员。

1784 年，发表《移居美国须知》《评北美洲野蛮人》。

1785 年，返美当选为宾州州长并连任三年。

1787 年，被选为制宪会议代表，参加联邦宪法会议，促成宪法通过，并担任"宾夕法尼亚促进废奴协会"主席，极力主张废除农奴制度；"政治研讨学会"成立，担任会长。

1788 年，退出政治舞台，并立下遗嘱。

1789 年，撰写《关于奴隶贸易》。

1790 年 4 月 17 日，于费城病逝。